Das Hotel Adlon

Laurenz Demps
Carl-Ludwig Paeschke

DAS HOTEL ADLON

Nicolai

2. Auflage

Gestaltung: Dorén + Köster, Berlin
Satz und Repro: Mega-Satz-Service, Berlin
Druck und Verarbeitung: Spiegel Buch Ulm

Printed in Germany
ISBN 3-87584-633-8

Inhalt

Willkommen im »Adlon«
7

Berlins erste Adresse
11

… es war einmal – Der Hotel-Palast
33

Die Adlons – Anfang und Ende einer Hotel-Dynastie
43

Hotelgeschichten – Vom Leben in einer Legende
Angestellte und Gäste erinnern sich
55

»… und Morgen die ganze Welt.«
Das »Adlon« während des Zweiten Weltkriegs
81

»Auferstanden aus Ruinen …«
Das »Adlon« im »Demokratischen Sektor«
99

»Hotel Adlon« – Auferstanden als Kulisse
111

Die Wiedergeburt einer Legende
117

Titelblatt der aufwendig gestalteten Werbebroschüre von Max Rapsilber aus dem Jahre 1911

Willkommen im »Adlon«

Ein Gast, der, mehr oder minder von der Reise erschöpft, mit diesen Worten am Empfang begrüßt wird, weiß, daß er es »geschafft« hat – in doppeltem Sinn: Er hat nicht nur das Labyrinth der größten Baustelle Europas erfolgreich bezwungen, er gehört auch zu denen, die es sich wert sind, im ersten Haus Berlins abzusteigen. Das sagt zunächst nicht viel über den Gast, um so mehr aber über das Haus aus: das »Adlon«.

Es ist nicht irgendein Hotel, irgendwo in Berlin, schon gar keine Bettenburg, an die sich der Gast schon zwei Nächte später nur noch undeutlich erinnern kann. Das »Adlon« will seinen Gästen mehr sein. Mit seinem Ambiente, seinem Service und – bestimmt nicht zuletzt – seiner einmaligen Lage. Dieser unübersehbare Standortvorteil »Unter den Linden« Ecke »Pariser Platz« mit Blick auf das Brandenburger Tor hebt alleine schon das Haus aus der Masse der Berliner Hotels heraus. Wo sonst in Berlin oder gar in Deutschland gibt es eine solche Adresse?

Fachleute sprechen von einer einzigartigen Lage, mit der sich selbst andere herausragende Lagen in Deutschland nur in Grenzen messen können: die Maximilianstraße in München, der Jungfernstieg in Hamburg, die Königsallee in Düsseldorf oder das wieder erstehende Zentrum von Dresden. Alles hervorragende Standorte für ein Grandhotel, die nicht beliebig vermehrbar sind, und doch ist die Adresse des »Adlon« unbestritten konkurrenzlos. Es handelt sich zweifelsfrei um die »erste« Hotel-Adresse inmitten einer zukünftigen exklusiven Nachbarschaft, nur wenige Schritte entfernt vom ebenfalls zukünftigen Regierungsviertel im Herzen der deutschen Hauptstadt.

Und es ist gerade dieser »silberne Löffel«, mit dem das »Adlon« in Berlin zum zweiten Mal geboren wird, der ihm die besten Chancen eröffnet, die Tradition des alten »Adlon« fortzusetzen und andere internationale Luxushotels in Berlin, bestehende wie geplante, auf die Plätze zu verweisen.

Geschichte wiederhole sich nicht, behaupten Historiker gerne. Aber Ausnahmen bestätigen die Regel, und das »Adlon« ist solch eine Ausnahme. Kein Wunder, denn sein Name war immer mit Superlativen verbunden. 38 Jahre hatte das alte »Adlon« Hotelgeschichte geschrieben, als es im Mai 1945 ein Raub der Flammen wurde.

»Willkommen im Adlon« – das war einmal, die Geschichte eines Luxushotels hatte offensichtlich ihr Ende gefunden. Daß es ein vorläufiges Ende war, konnte damals niemand ahnen, und die Historie des zwanzigsten Jahrhunderts mußte höchst unerwartete, noch vor Jahren undenkbare Wendungen nehmen, bevor das neue »Adlon« am 23. August 1997 seine Pforten zum zweiten Mal öffnen konnte.

Auf den Tag 89 Jahre und zehn Monate zuvor hatte Kaiser Wilhelm II. es seiner Bestimmung übergeben, und jetzt war es Bundespräsident Roman Herzog, der dem Haus bei der Eröffnung seine Reverenz erwies. Geschichte wiederholt sich nicht? Darüber sollen Historiker philosophieren. Fest steht: Das »Adlon« ist wieder da. Und es bietet dem Gast von heute allen Komfort, den er sich wünschen kann.

Im Jahre 1907 war es großer Luxus, daß die Zimmer mit Bädern ausgestattet waren. Fließend warmes und kaltes Wasser kannten viele Gäste damals nicht einmal von zu Hause. Im »Adlon« gehörte es dazu, außerdem Telefon auf dem Zimmer und Rohrpost im Haus – unvorstellbar damals.

Im neuen »Adlon« sind alle 305 Zimmer und 32 Suiten mit einer individuell regulierbaren Klimaanlage ausgestattet, die Bäder haben Fußbodenheizungen, separate Duschen und Toiletten. Alle Suiten verfügen über Dampfduschen, einige über Whirlpools. Und da wir im Kommunikationszeitalter leben, findet jeder Gast 2 Telefone mit DECT-System vor, dazu Voice Mail, Telefax- und PC-Anschlüsse, einen interaktiven CD-Player und Stereo-Fernseher. Zwei der Zimmer sind behindertengerecht eingerichtet, sechs für Allergiker vorbereitet. Gästen, die sich für längere Zeit im »Adlon« einmieten und vielleicht auch einmal abends »zu Hause« essen wollen, stehen 30 Zimmer und 15 Suiten mit eigener Kitchenette zur Verfügung. Wer sich lieber bekochen lassen möchte, kann beim Etagen-Service rund um die Uhr bestellen, geht ins Bistro- oder Gourmetrestaurant. Und wer nur einen Drink nehmen will, kann zwischen zwei Lounges und zwei Wintergärten wählen.

Das neue »Adlon« will werden, was sein Vorgänger einmal war: das inoffizielle Regierungsgästehaus. Darum wurde auch gleich ein 500 Quadratmeter großer, zweigeschossiger Bankettsaal mitgebaut. Für Essen und Empfänge im engeren Kreis stehen sechs Salons zur Verfügung. In drei sogenannten Busineß-Centern können kleinere Konferenzen abgehalten werden. Wer sich nach den ganzen Geschäftsterminen und Besprechungen erholen möchte, geht ins »ADLON SPA« mit Pool, Sauna, Dampfbad, Solarium, Massage und Fitneßraum oder in eine der 12 Boutiquen in der Ladenarkade zum Shopping.

Wie einstmals das alte »Adlon«, erfüllt also auch das neue Haus die Wünsche seiner Gäste. Sie werden schon beim Betreten des Foyers beeindruckt sein. Die gewölbten weißen Kassettendecken sind wie früher mit Blattgold ausgelegt. Die blau-goldene Glaskuppel über dem Foyer wird bald zum Wahrzeichen des Hauses werden, den Brunnen darunter werden ältere Gäste aus »ihrem Adlon« wiedererkennen. Er ist, neben einem Kamin im ersten Stock, übrigens das einzige Bauelement, das nach einem Vorbild des alten Hauses neu entstanden ist. Andere zitieren seinen Stil, wie die beiden Wintergärten oder die marmorne Prunktreppe, die von der Halle in den ersten Stock führt. Eines unterscheidet das Haus allerdings schon beim Betreten von seinem Vorläufer: Strahlte das »Adlon« der Kaiserzeit eher eine barocke, düstere Atmosphäre aus, so betritt der Gast jetzt ein helles, lichtes Haus mit einer freundlichen, offenen Stimmung.

Der Bau des Hotels war von Anfang an Gesprächsthema in der Stadt und in der Hotelbranche erst recht. Zeitungsartikel und Beiträge in Hörfunk und Fernsehen haben die Entstehung des neuen Hauses begleitet. Schon vor Eröffnung legten zwei Autoren Romane vor, die im »Adlon« spielen.

Wieso, kann man sich fragen, findet der Neubau eines einstigen, wenn auch renommierten Hotels so viel öffentliches Interesse? Das mag daran liegen, daß das »Adlon« wirklich eine Legende war und heute wieder die Chance hat, eine solche zu werden. Wahrscheinlich aber wäre diese Legende längst im Orkus der Geschichte verschwunden, wenn nicht die Witwe des letzten Hausherren, Hedda Adlon, Mitte der fünfziger Jahre die Geschichte des Hotels zu Papier gebracht hätte. Ihre Sammlung von persönlich erlebten, gehörten und kolportierten Geschichten aus dem »Adlon« hat bis heute ungezählte Leser fasziniert. Und der Spielfilm, der nach ihren Erinnerungen entstand, findet auch nach mehrmaliger Wiederholung im Fernsehen seine Zuschauer.

Dabei hat Hedda Adlon an der Legende »Adlon« kräftig mitgestrickt. Bei genauerem Hinsehen halten einige ihrer Geschichten der Überprüfung nicht stand: sei es, daß sie den berühmten Koch Auguste Escoffier zum ersten Küchenchef des »Adlon« kürte – was er nachweislich nicht war – oder Prominente wie Thomas Mann zu Stammgästen erklärte, auch wenn diese nur wenige Male im »Adlon« abgestiegen sein sollen. Trotzdem: Es liest sich gut, hat Unterhaltungswert, und mehr wollte Hedda Adlon vermutlich auch nicht erreichen. Wie lang die Liste der »Hedda folies« wirklich ist, tut der Legende des »Adlon« keinen Abbruch, im Gegenteil: Buch und Spielfilm haben die Geschichte des »Hotels« auch in den Köpfen der Leser und Zuschauer über Jahrzehnte lebendig erhalten, die nie die Chance hatten, im »Adlon« Gast zu sein.

Wir haben uns bemüht, für dieses Buch Dichtung und Wahrheit sorgsam auseinanderzuhalten. Die Geschichte eines Hotels zu erzählen, über fünfzig Jahre nach seinem Untergang als Luxushotel, war für uns eine Herausforderung. Die meisten Unterlagen wurden beim Brand des Hauses vernichtet, und das in den Archiven vorhandene Material ist sehr gering und schwer zu finden. Andererseits sind wir auf erstaunlich viele Zeitzeugen gestoßen, die uns bereitwillig ihre Erinnerungen an das alte »Adlon« erzählt haben. Dafür möchten wir uns an dieser Stelle herzlich bedanken. Für die intensiven Recherchen zur Familiengeschichte der Adlons bedanken wir uns bei Herrn Heinz-Willi Müller und den Mitarbeitern des Mainzer Stadtarchives. Herrn Karl Walterspiel, den Erbauern und den Mitarbeitern des neuen »Adlon« danken wir für ihre Unterstützung. Mögliche Fehler gehen selbstverständlich zu Lasten der Autoren.

Vorraum zum Hotelrestaurant, 1911

Berlins erste Adresse

»Wenn man nach Berlin reinkommt, gleich links«, pflegte der berühmte Maler Max Liebermann zu sagen, wenn er nach seiner Adresse gefragt wurde. Wer ihn vom Westen her besuchen wollte, fuhr durch das Brandenburger Tor und stand im Empfangssalon der Reichshauptstadt Berlin: auf dem Pariser Platz.

Allein beim Namen bekommen alte Berliner noch heute leuchtende Augen, so schön, so eindrucksvoll muß er gewesen sein. Kaum ein Ort in Berlin ist prominenter und so eng mit der wechselvollen Geschichte dieser Stadt verbunden.

Vor knapp 300 Jahren jagten hier die Könige und Kurfürsten, gehörte das Gelände noch zum Tiergarten. Aber Berlin brauchte Platz, und die Stadtplaner Friedrich Wilhelms I. konnten ihrer Phantasie freien Lauf lassen. Auf der sprichwörtlichen grünen Wiese legten sie Straßen und Plätze an, auf daß die Noblen des Staates dort ihre neuen Häuser errichten konnten. Eine ihrer Grundideen ist noch heute im Stadtbild unverwechselbar zu erkennen: Drei repräsentative Plätze sollten Berlin schmücken. Am Südende der Friedrichstraße entstand am Halleschen Tor ein runder Platz, zunächst »Rondell« genannt. Später taufte man ihn »Belle-Alliance-Platz«. Belle Alliance, das war nichts weiter als ein kleines Gehöft in der Nähe Brüssels. Doch hier wurde Napoleon am 18. Juni 1815 endgültig besiegt und war in der Folge würdig, seinen Namen zu leihen. Heute ist der runde Platz im inzwischen unansehnlichen Nachkriegsstil bebaut und trägt den Namen des sozialdemokratischen Journalisten Franz Mehring.

Den zweiten Platz taufte man bei seiner Entstehung »Oktogon«, nach seiner achteckigen Form. Er lag im Verlauf der Leipziger Straße, wenige Meter östlich des Potsdamer Platzes. Nach der Völkerschlacht bei Leipzig von 1813 wurde auch er umgetauft und war als »Leipziger Platz« bis zum Zweiten Weltkrieg ebenfalls eine hervorragende Adresse. Jahrzehntelang lag er im Grenzgebiet von Ost-Berlin und war nicht mehr zu erkennen. Jetzt entsteht er neu, wie der dritte markante Platz, der, ebenfalls nach seiner Form, zunächst »Quarré«, Viereck, hieß. Er war der repräsentative Schlußpunkt der in den Tiergarten hinausgeschobenen Prachtstraße Unter den Linden und heißt, wie bereits erwähnt, seit Blüchers siegreichem Feldzug von 1814, »Pariser Platz«.

Ein »Patent, Daß Sr. Königliche Majestät die Bau-Materialien und pro Cent-Gelder, So sie denen Neu-Anbauenden auf der Friedrichstadt reichen lassen«, vom 29. Oktober 1732 regelte die Einzelheiten der Ansiedlung. Großzügig ließ der König kostenlos Land, Baumaterial und finanzielle Hilfe an jene verteilen, die bereit waren, sich dem schweren Geschäft des Hausbaus zu unterziehen. Zu diesem Bauprogramm gehörte auch die Anlage eines viereckigen Platzes am Ausgang der Straße

Unter den Linden, westlich von dem Punkt, an dem die neu angelegte Wilhelmstraße auf die »Linden« traf. Die geometrische Form des Platzes verdient unsere Aufmerksamkeit. Eigentlich handelt es sich um vier zusammengelegte Dreiecke, denn nur durch diese Art der Vermessung war es möglich, einen weiten Platz zu erhalten. Die so entstandene Form verlangte geradezu nach einer weiteren Gestaltung durch eine hervorgehobene Randbebauung. Wie die ersten Häuser aussahen, die den Platz säumten, läßt sich heute nicht mehr genau feststellen, da es kaum noch Unterlagen darüber gibt. Daß die Bauherren hier aber eher klotzen denn kleckern sollten, ist sicher. Schließlich lagen ihre Grundstücke an der Achse vom Schloß zum Tiergarten, und nach dem Selbstverständnis jener Zeit des Absolutismus und Barock mußten hier architektonische Höhepunkte geschaffen werden. Das galt besonders für den Endpunkt dieser Achse, die Toranlage, deren Bedeutung – auch in der alten Form – bis heute unbestritten ist. Um dieses Tor, das den Ein- und Ausgang zum Tiergarten bildete, mußte sich der Platz gliedern. Das Tor selber ist das wohl berühmteste Berlins: das Brandenburger Tor. Der erste Bau an dieser Stelle entstand 1738 mit dem »Quarré«. Er sollte nur fünfzig Jahre stehen, dann wurde er abgerissen, und Carl Gotthard Langhans begann mit dem Bau »seines« Tores, das mittlerweile über 200 Jahre das barocke Berlin vom Tiergarten abgrenzt. Doch zurück zum »Quarré«. Entsprechend den Absichten des Königs, seinem architektonischen Verständnis und den finanziellen Möglichkeiten des Landes, waren die Bauten schlicht und dennoch repräsentativ. Entlang der Wilhelmstraße und am »Quarré« erhielten Vertreter der neuen Elite des preußischen Staates Bauland und Geldmittel zugewiesen. Dies verpflichtete sie, nach dem Willen des Königs zu bauen. Zeitbedingt und angesichts der Größe des Vorhabens wurde die Zahl der Bauwilligen geringer. Daraufhin bestimmte der König, daß die hohen Staatsbeamten an dieser bevorzugten Stelle in großem Stil zu bauen hatten. Eine Verlängerung der Straße Unter den Linden von der heutigen Schadowstraße bis an den Platz heran gehörte ebenfalls dazu. Auch auf diesem Straßenstück erhielten Standespersonen Land zum Bau angewiesen. Jene Grundstücke waren jedoch nicht so groß wie die auf der Nordseite des Pariser Platzes oder in der Wilhelmstraße. Sie reichten auf der Südseite von der Straße Unter den Linden bis an die Behrenstraße und wurden auf der Nordseite durch die Letzte Straße, seit 1823 Dorotheenstraße, begrenzt.

Für das Grundstück Unter den Linden, das im Mittelpunkt dieses Buches steht, ist die Ortsangabe »auf der Dorotheenstadt allhier« überliefert. In anderen Akten aber heißt es »im hiesigen Thiergarten«, »auf der Friedrichstadt«, »auf der Neustadt« sowie »in Berlin an der Straße so nach Charlottenburg gehet«. Die unterschiedlichen Lagebezeichnungen gehen wohl auf eine »gleitende Planung« der Bauten zurück, die im größeren Zusammenhang wahrscheinlich immer wieder verändert wurde. Aber so genau läßt sich das heute nicht mehr nachvollziehen. Die erste nachweisbare Bebauung reicht in das Jahr 1734 zurück. Am 7. Juli diesen Jahres stellte »Frau Hoffmeister von Kamekin den Antrag ›Zu folge Ew. Königl Maj. allergnädigsten Befehl werde ich das Haus nach des Cammerherrn von Wilchpitz abriß bauen laßen. Ich bitte Ew. Königl. Maj. allerdemüthigst um allergnädigste ordre, daß mir die Materialien, so viel Ew. Königl. Maj. mir derzu allergnädigst zu accordiren geruhen, verabfolget werden‹«.

Das Palais Redern (Unter den Linden) nach dem Umbau durch Karl Friedrich Schinkel. Lithographie von Tempoller, undatiert

Das Grundstück mit der späteren Adresse Unter den Linden 1 erhielt Friedrich Paul Graf und Herr von Kameke (in den Akten oft auch Kamecke geschrieben), der im diplomatischen Dienst des preußischen Staates stand. Aus diesem Grund leitete seine Frau den Hausbau. Am 22. Januar 1770, nach dem Tode Kamekes, wird ein Erbteilungs-Rezeß aufgesetzt. Er beginnt mit folgender Einleitung: »Zu wißen, welchergestalt der Hochgebohrene Graf und Herr Friedrich Paul, Graf und Herr von Kamecke, Seiner Königl. Majestät in Preußen, Hochbestallter Schloß-Hauptmann, Schloß und Burgessenen zu Limmer, Erb Herr des Amtes Kletzcke, auch zu Hohenfelde, Sctrachim, Strippow, Pretzel, Prdidow, Grunow, Hanecop, Alt-Wrietzen, Bliesdorf, Beauregard und Vevais p. p. am 27ten May a. pr. zu Bath in Engelland, ohne Testament mit Tode angegangen, und außer seiner Frau Witwe, der Hochgebohrenen Gräfin und Frau, Frau Maria gebohrene Gräfin von Glofkin, verwitwete Gräfin von Kamecke ...«. Über das Haus Unter den Linden 1 wird folgendes festgelegt: »Da auch der Wohlselige Herr Graf ein Hauß in Berlin unter den Linden hinterlassen, so hat solches dero Herr Graf Alexander von Kameke mit allen darin befindlichen Meubles, Tapeten, Uhren und Tableaux für Sechs und Zwantzig Tausend Reichs Thaler in Friedrichsdor angenommen. (...) Das Väterliche Silber Service, Bibliothec und Gewehr, hat dero Herr Graf Wilhelm von Kamecke für Fünfzehn Tausend Reichs-Thaler angenommen.« Aus dieser knappen Notiz erfahren wir interessante Einzelheiten über den Wert des Palais und seiner vielfältigen und kostbaren Einrichtungsgegenstände. Die Angaben zur Bibliothek sind zu dieser Zeit eher eine Ausnahme als die Regel.

Nach Graf Alexander Friedrich von Kameke, Königlich Geheimer Ober Finanz Kriegs- und Domänen Rat, war Graf Heinrich August von Wartensleben der Besitzer des Palais. Kameke hatte sich aber ausbedungen, bis zum 29. Dezember 1791 als Mieter das Wohnrecht zu behalten. Dieses hatte er an die Englische Gesandtschaft abgetreten, die hier ihren Sitz hatte. Am 23. August 1798 verkaufte Graf Wartensleben das Anwesen – mit den angemerkten Einschränkungen, jedoch mit der kompletten Einrichtung, für 40 000 Reichstaler an den Grafen Wilhelm Jacob von Redern. Graf Redern war zu diesem Zeitpunkt Königlicher Kammerherr beim Prinzen Heinrich von Preußen, dem jüngeren Bruder König Friedrichs II.

Der neue Besitzer ließ das Haus am 12. Januar 1799 von der Städtischen Feuer-Societät taxieren und mußte dabei feststellen: Er hatte zuviel bezahlt, der Schätzwert betrug nur 35 850 Taler. Doch das Haus blieb in Familienbesitz. Fast zwanzig Jahre später, am 2. Mai 1818, ging es in die Hände seiner Söhne über, der Grafen Friedrich Wilhelm und Heinrich Alexander von Redern. Sie nutzten das Palais für ihre Zwecke und ließen in den Jahren 1828/1829 das alte Haus umbauen oder, wie der Auftraggeber Graf Friedrich Wilhelm von Redern am 1. Februar 1830 schrieb: »...habe ich eine Etage aufsetzen und um diese das Gebäude erhöhen lassen.«

Der Architekt war kein Geringerer als Karl Friedrich Schinkel, der prominenteste Baumeister der deutschen Klassik. Seine Aufgabe beschrieb Schinkel wie folgt:

»An der Ecke des Pariser Platzes und der Straße Unter den Linden stand dieses Palais in seiner vormaligen Form. Aus dieser dürftigen und verständnislosen Form ohne wesentliche Veränderung der Mauern ein Gebäude zu erschaffen, dies war die Aufgabe, welche der Besitzer stellte.«

Schinkel lehnte sich bei seiner Arbeit eng an die Florentiner Paläste an. Die Sparsamkeit der Bauherren zwang ihn aber, sich den Bedingungen von Berlin und der Mark Brandenburg anzupassen, die selbst über keine entsprechenden Gesteinsvorkommen verfügten. Der Putz und eine geschickte Farbgebung der Fassade mußten deshalb das fehlende Material ersetzen. Schinkel schuf eine Fassade von puritanischer Schmucklosigkeit, die jedoch nicht düster wirkte. Die Fenster traten scheinbar tief in die Baumasse zurück, die Fensterkreuze waren zierlich profiliert. Dies verlieh dem Bau Ernst und Würde. So gelang Schinkel doch ein kleines Wunder. Er schuf ein Palais, das schon von außen zu den schönsten Bauten Berlins gehörte. Der Schwerpunkt seiner Arbeiten lag aber in der Gestaltung des Inneren. Die Räume des Erdgeschosses wurden unverändert aus dem alten Bau übernommen. Hier lagen die Wohnzimmer. Das gesamte Mittelgeschoß diente der Repräsentation, und im dritten Geschoß befanden sich die Räume für die Dienerschaft sowie zahlreiche Gästezimmer.

Der Mittelpunkt des Palais war der Salon hinter den Fenstern der Lindenfront. Hier befand sich eine Sammlung von Altertümern aus Pompeji, der sich die Gestaltung der Wände und die Farbgebung unterzuordnen hatte. Intimer waren die weiteren Gesellschaftsräume, der blaue und der gelbe Salon, so genannt, weil die Seidentapeten in diesen Farben gehalten waren. An der Ecke des Palais, mit vier Fenstern zu den Linden und zwei zum Pariser Platz, lag der Tanzsaal, das Prunkstück der Repräsentationsräume. Es folgten, mit Blick auf den Platz, der Ahnensaal und die

Gemäldegalerie, u. a. mit Arbeiten von Albrecht Dürer, Lucas Cranach und Rembrandt. Zweifel, ob die etwa sechzig Gemälde wirklich echt waren, verstummten nie ganz. Im rechten Winkel stieß das Gebäude an das Palais des Prinzen August, Pariser Platz Nr. 4, später Preußische Akademie der Künste. Hier lagen dann Speisesaal und Bibliothek.

Das Palais Redern bildete einen Mittelpunkt des geselligen Lebens der Stadt. Der Schriftsteller Karl Immermann notierte unter dem 23. Oktober 1833 in seinem Tagebuch über einen Besuch bei Graf Redern: »Seit einigen Tagen bin ich nun hier in der großen Stadt. Um vom Quartiere anzufragen, so hat sich dieses auf eine unerwartete Weise gemacht. Schon in Potsdam fand ich einige sehr verbindliche Zeilen des Grafen Redern, wodurch ich eine Einladung, in seinem Hause zu wohnen, empfing. Da dieselbe hier von ihm und seiner Mutter wiederholt und mir gesagt wurde, daß meine Zimmer schon in Bereitschaft gesetzt seien, so hatte ich keinen Grund, diese Güte abzulehnen. Nun wohne ich also in einem prächtigen Palais und sehe nach einer Seite über den Pariser Platz aufs Brandenburger Thor, nach der anderen über die Linden. Vortreffliche Bedienung, Ruhe und Stille in meinen Zimmern, die Vergünstigung, die heiter und prächtig nach Schinkels Zeichnungen decorierten Säle des Hauses frei zu durchwandern und die Bibliothek benutzen zu dürfen; alle Abend ein Platz in der General-Intendanzloge, sind höchste Accessoiren dieses Zustandes. Die Sitte des Hauses läßt mir jegliche Freiheit. Nachmittags 4 Uhr wird gespeist; die Gesellschaft ist zwanglos, und auch da genügt eine bloße Anzeige bei dem Kammerdiener, wenn man nicht erscheinen will. Abends wird schon angenommen, daß man seine Gesellschaft außer dem Haus hat. Ich werde mit der zuvorkommendsten Güte behandelt. Meine Wirthe bestreben sich, mir den Aufenthalt bei ihnen so angenehme wie möglich zu machen und bitten interessante Personen zusammen. So bin ich hier mit Rauch, Schinkel, Alexander von Humboldt zusammen gewesen. Einen Mittag war auch der bekannte Decker (Adalbert vom Thale) da, der zwar ein schlechter Dichter ist, außerdem aber manches anregte, was Interesse hat.

Nebenbei lerne ich die hohe Berliner Aristokratie kennen. Eine Curiosität derselben ist, daß die jederzeit unter sich französisch zu sprechen anfangen. Zuerst dachte ich: Du Gott, wie soll das mit Dir werden, wenn es so fortgeht ? aber nach fünf Minuten hört es immer wieder auf, und sie verfallen wieder ins ehrliche Deutsch. Mit Rauch hatte ich die beste und fröhlichste Begegnung. Schon daß er ein Mensch ist, setzte mich in gute Stimmung; der prächtige ovale Kopf, von weißen Locken umblüht, die herrlichen blauen Augen, die proportionierte schlanke Gestalt ! In seinem ganzen Behaben war die Tüchtigkeit und Sicherheit des Genies sichtbar, wir konnten trefflich zusammen schwatzen, und waren bald vertraut. Es traf sich gut, daß ich ihn fast überall fand, wo ich unter Menschen kam.«

Graf Redern führte ein offenes Haus, die dortigen Zusammenkünfte waren Teil des geistigen und kulturellen Lebens der Stadt, allerdings beschränkt auf Standespersonen und Persönlichkeiten, die sich durch Verdienste in Kunst, Kultur und Wissenschaft einen Namen gemacht hatten. Graf Rederns Intendantentätigkeit am Königlichen Theater prägte eine der bedeutendsten Phasen der dramatischen Kunst in Berlin. So war hier am Pariser Platz in der Zeit der Romantik und des

Vormärz ein wichtiger Treffpunkt der Berliner Gesellschaft entstanden. Doch mit zunehmendem Alter des Grafen wurde es nach 1871 stiller um das Palais. Sein Besitzer stieg zu hohen Ehren auf, aber der alte Glanz des Hauses ging leider verloren.

In ähnlicher äußerer Gestaltung – in Korrespondenz zum Palais Redern – regte Schinkel im Jahre 1829 auf der gegenüberliegenden Seite des Pariser Platzes einen weiteren Bau an. Ob gewollt oder nicht, der Platz geriet langsam aus den Fugen, denn dem »modernen« Palais Redern stand nun auf der gegenüberliegenden Seite das »unmoderne« Palais Saldern, vormals Reichenbach (Unter den Linden Nr. 78), gegenüber. Schinkel hatte weitergedacht und -geplant und mit feinem Gespür auch eine Umgestaltung dieses Palais ins Auge gefaßt. Ein Anlaß dafür bot sich im Jahre 1829. Nach der Vermählung des Prinzen Wilhelm, des zweitältesten Sohnes Friedrich Wilhelms III. und späteren Kaiser Wilhelms I., am 11. Juni 1829 mit Prinzessin Augusta wurde nach einer standesgemäßen Unterkunft für das junge Paar gesucht. Man entschied sich für diesen Ort, und Schinkel entwarf einen Neubau, nicht als Spiegelbild des Palais Redern, aber doch weitestgehend dessen Formensprache angepaßt. Eckrisalite betonten im Entwurf das prinzliche Palais gegenüber dem gräflichen. Kurzfristig entschloß man sich, dem jungen Paar eine zeitweilige Unterkunft zu geben, und zwar in der Nähe der Staatsoper, in dem späteren Palais Kaiser Wilhelms. Diese Unterkunft sollte zunächst nur eine provisorische sein, aber nichts ist bekanntlich so dauerhaft wie ein Provisorium. Die Neubaupläne für das Palais Unter den Linden Nr. 78 waren zu kostspielig und wurden nicht realisiert. Infolgedessen verlor der barocke Platz nun an dieser Stelle seine einstige Symmetrie, in gewisser Weise auch seinen betonten Abschluß am Eingang zur Straße Unter den Linden.

Nichtsdestotrotz entwickelte sich das Quarré im Laufe des 19. Jahrhunderts zum prominentesten Platz Berlins. Der Lauf der Geschichte dieses Jahrhunderts mit seinen Kriegen und Triumphen, Siegen und Niederlagen sorgte dafür. Napoleon war der erste, der mit Gespür die städtebauliche Situation des Platzes erkannte. Er ließ sich am 27. Oktober 1806 an diesem Ort feierlich einholen und die Schlüssel der Stadt überreichen. Nach seiner Niederlage zogen dann die siegreichen preußischen Truppen am 7. August 1814 in die Stadt ein. Ihnen folgten die Einmärsche nach den Siegen in den Kriegen gegen Dänemark (1864), Österreich (1866) und Frankreich (1871).

Der Einzug der Truppen am 16. Juni 1871 war besonders pompös und wurde für mehrere Generationen zum verbindlichen Muster bei ähnlichen Anlässen. Diese Rituale blieben bis auf geringe inhaltliche Änderungen in der Form stets gleich. Zu diesem Szenario gehörte beispielsweise auch der invalide greise Offizier, der unerkannt in der Menge stand und den der Kaiser nun – seinen vorgeschriebenen Weg scheinbar verlassend – besonders würdigte. Am Palais Redern hatte der Magistrat von Berlin seinen Platz, dorthin ritt der Kaiser, um »unter dem Baldachin die ehrfurchtsvolle Begrüßung der städtischen Behörden entgegen zu nehmen. Die Ansprache hielt in Vertretung für den erkrankten Oberbürgermeister Seydel, der Bürgermeister und Geheime Regierungs-Rat Hedemann«. Der Kaiser dankte für »den wunderschönen und festlichen« Empfang, und der Zug setzte sich wieder in Bewegung. Der Pariser Platz war zum Empfangssalon des Kaiserreiches geworden, und das Palais Redern war ein Teil davon.

Brandenburger Tor und Nordseite des Pariser Platzes, um 1906

Als Graf Redern 1883 starb, erbte – nach einigen Auseinandersetzungen – sein Neffe Graf Wilhelm Heinrich Joachim Innocenz Viktor von Redern. Der neue Besitzer hatte wenig Interesse an dem Palais in der Straße Unter den Linden. Es wurde vermietet, und im Jahre 1891 zog die Kunsthandlung Eduard Schulte hierher. In ihren Räumen stellte die Malervereinigung der »XI« (1899) ihre Werke aus. Liebermann, der Mitglied war, bildete aus dieser Gruppe heraus den Kreis der Secessionisten. Nach 1900 war das Schicksal des Palais dann entschieden. Es verkam trotz der Nutzung zusehends und wurde am 3. April 1905 verkauft. 1906 fand eine Abschiedsausstellung statt, zu der das Haus letztmalig der Öffentlichkeit zugänglich war. Hans Mackowsky, der die Räume des »brüchigen Palais Redern« besucht hatte, beklagte noch 1923: »Aber eine andere Zeit, die sicherer und stolzer in ihrer Überlieferung beruhte, hätte wenigstens versucht, zu retten, was an dieser Stelle zu retten war. Und mußte des hochwertigen Bodenpreises halber und den Bedürfnissen hochgesteigerter öffentlicher Gastlichkeit das in vielen Teilen schon brüchige Palais Redern geopfert werden, so ist doch nicht einzusehen, warum ein neuzeitliches Hotel sich nicht den Luxuseinbau eines von Schinkel gestalteten Repräsentationsraumes gestatten durfte, wie es der Tanzsaal des alten Palais Redern war.«

Gegen den Plan, an dieser Stelle ein Luxushotel zu errichten, gab es öffentlichen Protest. In Berlin hatte ein Prozeß des Umdenkens eingesetzt, die überlieferte Architektur erfuhr eine neue

Südseite des Pariser Platzes, um 1900

Wertschätzung. Der hohe Verlust an alten Gebäuden sowie deren Ersatz durch wenig geglückte und an die historisch gewachsenen Strukturen schlecht angepaßte Neubauten schärften den Blick für das historisch Wertvolle. Der Protest richtete sich weniger gegen die Neubauten selbst, sondern vor allem gegen den gedankenlosen Abriß alter Gebäude. Hinzu kam der Wunsch, mehr über deren Geschichte zu erfahren. Dem entgegen drängten immer mehr finanzstarke Kräfte auf eine Veränderung des Stadtbildes, wollten innerstädtische Grundstücke und Immobilien gewinnträchtig nutzen.

Lorenz Adlon wollte mehr. Mit seinem »Adlon« sollte die Reichshauptstadt bekommen, was London und Paris längst hatten: ein Luxushotel, in dem die Welt sich traf. Aber das Grundstück war bebaut, und das Palais Redern stand zudem auch noch unter Denkmalschutz. Hier war die »ordnende« Hand des Kaisers gefragt. Zuerst galt es, das Grundstück »verkaufsbereit« zu machen. Über die Hintergründe dieser Geschichte gibt es zwei Versionen. Die eine »stempelt« Innocenz Graf Redern zum Spieler, der eine hohe Spielschuld gegenüber dem König von Großbritannien angehäuft hatte und zur Deckung der Schulden das Palais verkaufen mußte. Das klingt logisch, entspricht aber nicht den tatsächlichen Gegebenheiten. Ein Verkauf war unmöglich, da das Grundstück mit dem Palais Teil eines sogenannten unveräußerlichen Familienfideicommiß bildete, einer rechtlichen Konstruktion zur Versorgung der Familie, durch die der Gesamtbesitz der von Redern

Das Palais Redern (Mitte) und das Palais Arnim-Boitzenburg (rechts), später Kopfbau der Preußischen Akademie der Künste, 1905

unteilbar und unveräußerbar war, es sei denn, alle einbezogenen Familienmitglieder stimmten zu. Eine Änderung dieser Besitzverhältnisse war kompliziert, bedurfte der Zustimmung aller Familienmitglieder und der des Königs.

Die zweite Lesart geht wesentlich weiter, ist komplizierter und unter heutigem Verständnis schwer nachvollziehbar. Danach hatte Graf Redern die Schulden bewußt gemacht, denn sein Lehnsherr – der preußische König – hatte dies von ihm verlangt, und aus Vasallentreue mußte er folgen. Der Kaiser gab daraufhin die Zustimmung zur Aufhebung des Fideicommiß, und das Grundstück konnte verkauft werden. Welche Lesart richtig ist, wird sich schwer feststellen lassen. Wichtig bleibt bei beiden, daß der Kaiser sich persönlich dafür engagierte, damit dieses Grundstück von Adlon gekauft werden konnte. Es darf als sicher gelten, daß auch andere Bewerber an diesem ideal gelegenen Grundstück Interesse hatten, aber die »allerhöchste Protektion«, die Unterstützung des Kaisers, sicherte Adlon den Erfolg. Neider behaupteten später, die beiden seien befreundet gewesen oder er sei sogar ein illegitimer Sproß der Hohenzollern – alles Unsinn. Aber manche Legenden sind unausrottbar. Für die Motive des Kaisers gibt es keinen Beleg in den Akten, möglich sind aber folgende Gründe: Der Kaiser mochte das Berliner Schloß nicht besonders. Der »alte Kasten«, wie er selber gesagt haben soll, war unbequem, obendrein nur schwer zu heizen und bot wenig Raum für Individualität. Das steife Hofzeremoniell, dem auch der Kaiser sich ständig unterwerfen mußte, ließ kaum ein Privatleben zu. Ein mit allem Luxus und Komfort ausgestattetes Hotel aber konnte ein Ort sein, an dem auch der Kaiser »zu Fuß gehen konnte«, wo das Hofmarschallamt im wahrsten Sinne des Wortes »außen vor« blieb. Hinter den Türen des »Adlon« sollte eine andere Welt beginnen. Und das garantierte ein solches Haus.

Der Bauplatz für das geplante Hotel am Beginn der Straße Unter den Linden stellte städtebaulich einen Kontrapunkt zum Berliner Schloß dar. Am Pariser Platz hatte der in der Stadtbaukunst gerne dilettierende Wilhelm II. wenige Jahre zuvor eine architektonische Niederlage hinnehmen müssen. Der bereits erwähnte Maler Max Liebermann hatte es nämlich gewagt, 1894 – beim Umbau seines Hauses am Pariser Platz 7 – einen Dachaufbau für sein Atelier zu beantragen. Der Kaiser, der Liebermanns Kunst wenig schätzte, hintertrieb zunächst die Pläne. Doch Liebermann ging vor Gericht und gewann.

Ein Neubau an diesem herausragenden Ort ließ nicht nur die Möglichkeit zu, architektonische Vorstellungen des Kaisers einfließen zu lassen, sondern auch späte Rache zu nehmen. Wilhelm II. plante, gleich ganze Teile des Pariser Platzes neu zu gestalten: Das Brandenburger Tor sollte freigestellt und mit barocken Säulenhallen ergänzt werden. Um dafür Platz zu schaffen, hätte das Haus von Liebermann der Spitzhacke zum Opfer fallen müssen. Die Berliner Öffentlichkeit erfuhr zum ersten Mal am 5. Dezember 1905 von diesen Plänen. Liebermann reagierte gelassen und meinte, daß er in seinem Haus noch sterben werde. Recht sollte er behalten.

Der Kaiser ging so weit, Adlon die notwendigen Wege für die Bewilligung eines Kredites zu ebnen: 15 000 000 Mark für den Neubau auf teurem Grund und Boden am Pariser Platz. Denn nach Meinung Wilhelms II. fehlte es außerdem in Berlin an einem Luxus-Hotel für gekrönte Häupter, das auch verwöhnteste Geschmäcker zu befriedigen wußte und möglichst an herausragendem Orte gelegen war. Bei einem Bierabend im Berliner Schloß soll der Kaiser dieses Bauvorhaben verkündet und seine persönliche Zusage dafür gegeben haben. Gegen den dafür notwendigen Abriß des Palais Redern wehrte sich die Berliner Öffentlichkeit, doch der Protest fruchtete angesichts der Protektion nichts, und 1906 wurde schließlich auch dieser schöne Bau abgerissen. Schinkels Name bedeutete in dieser Zeit außergewöhnlich hektischer Bautätigkeit nur noch wenig, und über seine wichtigsten Berliner Bauten hinaus war sein Lebenswerk kaum noch bekannt. Der Kaiser nutzte das ihm zustehende Recht, über die Fassaden zu entscheiden, die einst durch Unterstützung oder Privilegien seiner Vorfahren auf dem Thron gebaut worden waren.

Der Kaufpreis des Grundstücks und die Bausumme des Hotel »Adlon« beschäftigten seinerzeit und auch heute noch viele Interessierte. Das gesamte Vorhaben soll etwa 17 Mill. Mark gekostet haben. Hedda Adlon gibt sogar die Summe von 20 Mill. Mark an. Mag das auch etwas übertrieben gewesen sein, der Bau und die Einrichtung dieses neuen Hotels verschlangen für damalige Zeiten enorme Geldsummen. Um sich eine Vorstellung vom Umfang des Kapitaleinsatzes zu machen, sei auf Rudolf Sendig verwiesen, der im Jahre 1922 die angegebene Summe von 20 Mill. als nach »Friedensgeld, – heute dürften es 100 Mill. sein« umrechnete. Nach dem heutigen Geldwert berechnet, ergibt sich eine Summe von etwa 700 Mill. DM. Damit überschritt der Bau des ersten »Adlon« die Investition für den Neubau um über 250 Mill. DM. Noch deutlicher wird der Umfang der Investitionen Lorenz Adlons, wenn man sie mit denen seiner Mitbewerber der damaligen Zeit vergleicht und auf die Zahl der Betten umrechnet: Investierte das Centralhotel 5250 Mark pro Bett, waren es beim Kaiserhof schon 7000 Mark und beim Bristol 8000 Mark. Lorenz Adlon übertraf die Summe um das fünffache. Er investierte 42 500 Mark pro Bett in sein Luxushotel.

Wer waren nun seine Geldgeber, und unter welchen Bedingungen stellten sie das Kapital zur Verfügung? Im einzelnen konnte folgendes festgestellt werden:

1. Hypothekenbank in Hamburg am 30. März 1905: 3 100 000 Mark als Hypothek zu 5% Zinsen jährlich, sofortige Zwangsvollstreckung kann bei Ausbleiben der Rückzahlungsraten angeordnet werden.
2. Die Erben des Kommerzienrates Karl von Dippe am 4. April 1905: 2 000 000 Mark als Hypothek zu 4 1/4%, ab dem 1. Oktober 1907 zu 5 1/2 Prozent jährlich, eine Kündigung ist noch vor dem 1. April 1917 möglich.
3. Hypothekenbank in Hamburg am 7. Februar 1907: 2 400 000 Mark zu 4 1/2% und im Verzugsfalle zu 5% Zinsen jährlich.
4. Der Königliche Baurat Karl Gause am 8. August 1907: 1 500 000 Mark zu 5% Zinsen jährlich.
5. Die Erben des ehemaligen Bankdirektors der Reichsbank, Gustav Georg Carl Gause, am 12. Oktober 1907: 500 000 Mark zu 2% Zinsen jährlich.
6. Die Erben des Bankiers Sigismund Born am 18. Oktober 1907, rückzahlbar am 1. Oktober 1915, 500 000 Mark zu 5% Zinsen jährlich.
7. Rittergutsbesitzer für die Erben von Carl Gause am 16. Dezember 1907 für Vorschüsse zum Bau des Hotel »Adlon«: 500 000 Mark Sicherungshypothek.
8. Hildesheimer Bank AG: 1 500 000 Mark zu 5% Zinsen jährlich am 29. Januar 1908, zahlbar 3 Monate nach Kündigung, bei unpünktlicher Zinszahlung sofort fällig.

Die Aufstellung, von der wir nicht wissen, ob sie komplett ist, beläuft sich auf eine Summe von 12 Mill. Mark an Hypotheken und Darlehen, deren Bedingungen und Fristen unterschiedlich waren. Lorenz Adlon selber soll ein Eigenkapital von 2 Mill. Mark besessen haben.

Für den Erwerb des Grundstücks Wilhelmstraße 70a am 22. August 1905 mußte Adlon ebenfalls Kredite aufnehmen, die als Hypotheken in die Akten eingetragen wurden. Das waren u. a. 395 000 Mark für Bankier Hugo Landau, den Vorbesitzer; weitere 500 000 Mark gab Armand Voltz am 30. Mai 1907, 150 000 Mark gab 1907 eine Frankfurter Firma, und 162 000 Mark wurden als Sicherungshypothek für die Gebr. Gause eingetragen. Die Forderungen des Königlichen Baurats Gause wuchsen insgesamt auf 1 350 000 Mark an, die dieser zur Sicherung im März 1911 eintragen ließ; sie wurde 1924 nach der vollständigen Bezahlung gelöscht. Das Gebäude Wihelmstraße 70a wurde in den Neubau einbezogen. In ihm war das Kontor der Weingroßhandlung Lorenz Adlon. Für die Zwecke dieser Weinhandlung erwarb Lorenz Adlon am 1. Oktober 1918 für 900 000 Mark Haus und Grundstück Wilhelmstraße 70b.

Es gab Gegenkräfte, und wir müssen Hedda Adlon schon vertrauen, wenn sie aus ihrer Erinnerung dazu schreibt. Aber sie kennt die Einzelheiten nur aus den Erzählungen der Beteiligten aus späterer Zeit bzw. aus dem Lebensbericht von Sendig, sozusagen aus zweiter Hand, und ist damit als Quelle nur mittelbar anzuführen. Es klingt bei Sendig alles ein wenig anders. Hedda Adlon verweist auf Kommerzienrat Leopold Koppel von der Hotel-Betriebs-AG, ebenfalls ein Selfmademan, der versuchte – aus Konkurrenzgründen –, Adlon von seinem Vorhaben abzuhalten. Aber die Sache war doch komplizierter, denn sie vergißt bei allen Darlegungen, daß Adlon dem Kaiser im Wort war, also gar nicht – ohne dessen Zustimmung – handeln konnte und wollte. Hedda Adlon schreibt weiter, daß Koppel verschiedenes unternahm, um Adlon von seinem Hotelbau abzubringen. Er befürchtete eine neue Konkurrenz zu seinem eigenen florierenden Hotelgeschäft. Koppel hatte Geld, und die mächtige Hotelkette hinter ihm ermöglichte es, weitreichende Angebote an Adlon zu machen. Er wurde dabei möglicherweise sogar von Kräften des Hofes unterstützt, die diesen Neuerungen ablehnend und den Intentionen des Kaisers mißtrauisch gegenüberstanden, denn hier konnte wieder ein bürgerlicher Emporkömmling die vertrauten Kreise stören.

Das Grundstück Redern, das Adlon am 3. April 1905 gekauft hatte, war für den Neubau eines Hotels nicht vorteilhaft geschnitten. Die Front zur Straßenseite und zum Pariser Platz war nicht sehr breit. Als vielversprechender Bauplatz für ein Hotel und als besonders gelungener Bau galt das Hotel Kaiserhof: Fronten zur Straße, also Fenster nach allen Seiten. Es wäre also denkbar, daß die Architekten diesem Beispiel folgen wollten, waren jedoch durch den barocken Zuschnitt des Grundstücks Unter den Linden in ihrem Gestaltungsdrang gehemmt. Was lag also näher, als auch das Nachbargrundstück käuflich zu erwerben. Hier ergab sich die Möglichkeit, Adlon zu bremsen. Dieses Grundstück – Unter den Linden 2 – kaufte am 24. Dezember 1906 der Hoflieferant Moritz Gerstel (nicht Koppel, wie Hedda Adlon schreibt). Hinter ihm stand – ausweislich der Akten – die »Hotelbetriebs-Aktiengesellschaft«, die Konkurrenz. So erklärt sich der ungewöhnliche Grundriß des Hauses, der sich nur zu einem geringen Teil an den repräsentativen Straßenzügen Unter den Linden oder am Pariser Platz entlangzog. Hier sollten später einmal die teuersten Zimmer liegen. Die überwiegende Zahl der Räume aber befand sich in dem Teil des Gebäudes, der sich in die Tiefe des Grundstücks erstreckte – weitab von den Linden und dem Blick auf das Brandenburger Tor.

Das Problem der Finanzierung des Hotels sollte Adlon auch noch nach der Eröffnung des »Adlon« 1907 verfolgen. Ungefähr 5 Mill. Mark soll er allein in die Inneneinrichtung seines Hauses investiert haben. Er hatte sich dabei offensichtlich verschätzt, denn er hatte kein Geld mehr, um die Lieferanten bezahlen zu können. Er brauchte dringend bares Geld. Nachdem ihm eine weitere Million zugesagt worden war, entschloß Adlon sich kurzfristig zu einem riskanten Manöver, denn die Summe der Sicherungshypotheken, die auf dem Grundstück Unter den Linden 1 lag, verbot eine weitere Aufnahme von Krediten, deren Sicherung Grundstück und Hotel waren. Er kaufte auf Kredit das Hotel Continental für 3,5 Mill. Mark, denn er hatte noch das Vorkaufsrecht für dieses Hotel in der Neustädtischen Kirchstraße. Der Verkehrswert des Unternehmens lag bei etwa 10 Millionen Mark. Kurzerhand wurden Hypothekenbelastungen von dem Unternehmen Hotel »Adlon«

auf das Hotel Continental umgeschrieben, um Raum für neue Sicherungshypotheken zu haben. Am 22. Mai 1908 kam es zur Eintragung einer Sicherungshypothek in Höhe von 2 944 500 Mark. Die Gläubiger waren Firmen, Privatpersonen, so z. B. die Offene Handelsgesellschaft J. C. Pfaff, Berlin, Französische Straße 37/39. Sie hatte 432 000 Mark »aus der Herstellung von Inneneinrichtungen und Lieferung von Möbeln« in Rechnung gestellt. Ebenso traf dies für die Fa. Kimbel & Friedrichsen, Berlin, Yorckstraße, und A. Bembé, Mainz, zu, die Forderungen in Höhe von 170 000 bzw. 174 000 Mark hatten. Dank dieser Sicherungshypothek sind uns die weiteren Namen der Lieferanten und ihrer Waren bekannt, die das »Adlon« mitausgestattet haben:

Firma Rudolph Hertzog: Wäsche (272 000 Mark)
Firma Mussnung: Silberbesteck (140 000 Mark)
Firma Frost & Söhne: Beleuchtungskörper (120 000 Mark)
Firma Ganz & Co.: Tapeten (86 000 Mark)
Firma Israel: Tapeten (41 000 Mark)
Firma Schulz & Holdefleiss: Bronzene Bettgestelle und weitere Gegenstände aus Bronze (50 000 Mark)
Firma Bertuch: Kücheneinrichtungen (52 000 Mark).
Firma Gebr. Bauer: Möbel und andere Zimmereinrichtungen (48 000 Mark)
Firma Pallenberg: Möbel und andere Zimmereinrichtungen (41 000 Mark)

Kurzum, der Hotelier Lorenz Adlon hatte wahrscheinlich in den Jahren des Baus, und auch noch nach Eröffnung seines Hauses, viele unruhige Nächte, denn der geschäftliche Erfolg seines Unternehmens war keineswegs garantiert. Auch mit den Zimmerpreisen mußte er sich zunächst streng am Markt orientieren. Ein Zimmer mit Bad kostete jedoch schon 75 Mark, ein Apartment mit Schlafzimmer und Salon bis 100 Mark.

Über die Geschäftsentwicklung des »Adlon« liegen keine Unterlagen mehr vor. Daraus läßt sich aus heutiger Sicht nur indirekt schließen. Die Höhe der Firmengewinne läßt sich aus der Gebäudesteuer ableiten, die im engeren Sinne als eine Ertragssteuer angesehen werden kann. Ausweislich der Unterlagen wurden im Jahre 1910 das Grundstück mit dem Hotel Unter den Linden 1 mit einem Gebäudesteuernutzungswert von 350 000 Mark, der Hofraum Nr. 70a mit 70 000 Mark und der Hofraum Wilhelmstr. 70b mit 17 850 Mark veranlagt. Nachdem diese Grundstücksteile vor 1914 zusammengeschrieben worden waren, wurde der Wert auf 449 420 Mark festgelegt. Es wird deutlich, daß Adlon zügig an die Bezahlung der Belastungen gehen konnte und doch genügend Bewegungsmöglichkeit für sich hatte. Dafür spricht auch, daß die Rückzahlung der Kredite, Hypotheken usw. in einem ungewöhnlichen Tempo erfolgte. Dazu zählten vor allem die kurzfristigen Verbindlichkeiten, die drückend auf dem Hotelbesitzer Adlon lagen. Die Sicherungshypothek der Lieferanten konnte am 22. Januar und am 8. April 1909 gelöscht werden. Die anderen, höheren Schulden belasteten Adlon dagegen noch längere Zeit, konnten erst 1922 und nach der Inflation 1924 abgetragen werden. So wurden u. a. die v. Dippesche Hypothek über 2 000 000 Mark am 17. September 1924 eingelöst. Die goldenen, die zumindest finanziell sorglosen Jahre des »Adlon« hatten begonnen.

Große Empfangshalle mit Marmortreppe, 1911

Blick in den Palmengarten, 1911

Marmorsaal-Restaurant am Pariser Platz, 1911

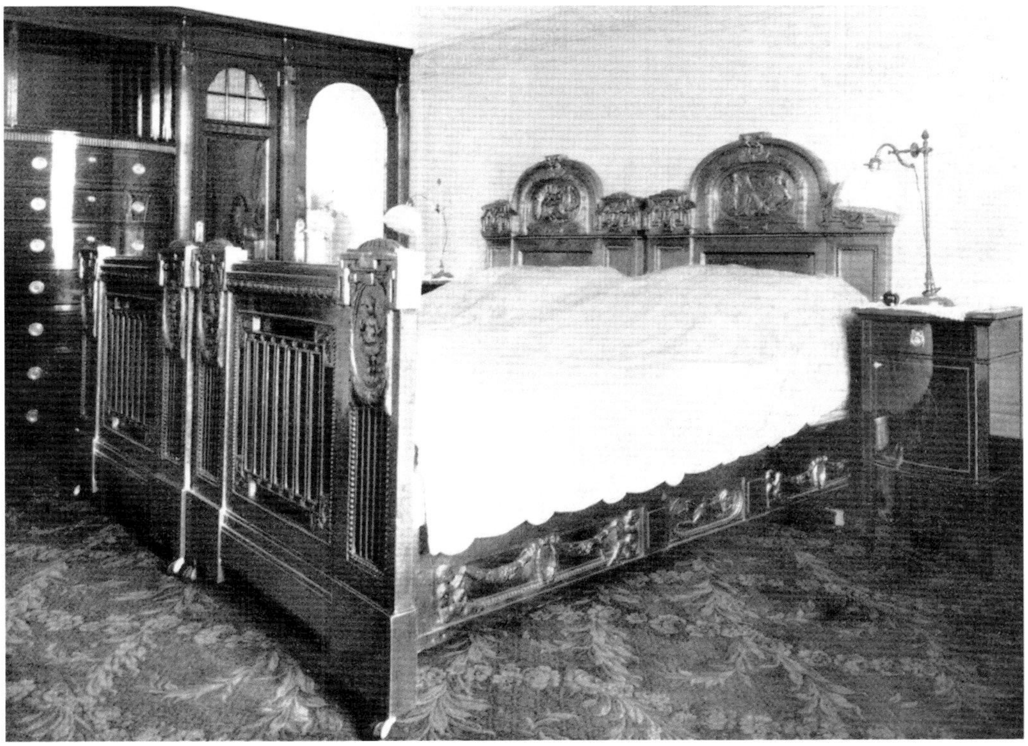

Prunkbetten in getriebener Bronze, 1911

Ein »Bade-Raum«, 1911

Kamin im Kaisersaal, 1911

Salon in Zitronenholz, 1911

Wohn- und Schlafraum, 1911

Herren-Frisier-Salon, 1911

Blick in den Maschinenraum, 1911

Die Hotelküche mit Herd- und Grillanlage, 1911

Versandraum für Weine, 1911

Das »Adlon« schmückt sich anläßlich der Vermählung des Prinzen August Wilhelm, 1911

Die »American-Bar« im Hotel »Adlon«, 1911

... ES WAR EINMAL – DER HOTEL-PALAST

Berlin um die Jahrhundertwende, das war die Hauptstadt eines Reiches, das sich anschickte, seinen »Platz an der Sonne«, wie es damals hieß, zu erobern, Großmacht zu werden. Unter der Regentschaft Wilhelms II. wandelte sich die Stadt in ein Zentrum des mondänen Lebens. Die klassizistisch-spartanische Einfachheit und Strenge Preußens, das war einmal. Prunk, Pracht und Paraden prägten von nun an das Bild. Das Deutsche Reich war eine Größe, mit der man in Europa rechnen mußte – mit fatalem Ausgang, wie sich schon nach wenigen Jahren zeigen sollte. Zunächst einmal ging es in über 30 Jahren Frieden steil bergauf. Nationales Pathos gehörte zur Alltagskultur genauso wie die Matrosenanzüge für die kleinen Jungen, denn »Deutschlands Zukunft liegt auf dem Wasser«, so hatte der Kaiser verkündet. Dazu hatte Admiral Tirpitz ein gewaltiges Flottenbauprogramm angekurbelt, mit dessen Hilfe man die führende Seemacht Großbritannien einzuschüchtern versuchte.

Alljährlich am »Sedanstag« gedachte man des Krieges von 1870/71. Die Germania hielt fest die »Wacht am Rhein«, und überhaupt: Am deutschen Wesen würde die Welt früher oder später schon genesen.

Daß in diesen Jahren die Sozialdemokratie in Berlin zur stärksten politischen Kraft heranwuchs, daß zum Berlin der Kaiserzeit auch die Mietskasernen im Wedding, Armut und Elend gehörten, damit konnte oder mußte man eben leben – besonders, wenn man so nicht leben mußte. »Zille sein Milljöh«, das war Alltag für Hunderttausende.

Auf der anderen Seite war Berlin in jenen Jahren zum »Parvenüpolis« emporgeschossen. Der Ausbau der Industrie und die wachsende wirtschaftliche Macht hatten der Gruppe von »Neureichen« dazu verholfen, sich einen Lebensstil leisten zu können, der im adligen Luxus sein Vorbild sah. Der Glanz bei Hofe wurde vom reichen Berliner Besitzbürgertum gerne nachgeahmt. Und besonders glücklich war, wer es erreicht hatte, dann auch vom Kaiser in den Adelsstand erhoben zu werden. Zwölf Prozent aller in der Regierungszeit Wilhelms II. Geadelten stammten aus Industrie und Hochfinanz und wurden so »hoffähig«. »Koofmichs« nannte sie der Alt-Adel gerne herablassend. Aber alle zusammen waren die Zielgruppe, die Lorenz Adlon mit seinem Hotel gewinnen sollte.

In knapp zwei Jahren hatten die Architekten Carl Gause und Robert Leibniz das »Adlon« gebaut. Im September/Oktober 1907 schaltete Lorenz Adlon in den Berliner Zeitungen die ersten Anzeigen, die auf die bevorstehende Eröffnung seines Hauses am 26. Oktober aufmerksam machten. Das eigentliche Ereignis fand bereits drei Tage zuvor statt, denn der Kaiser hatte sich ausbedungen, das neue Haus als erster zu betreten.

Zeitungsannonce anläßlich der Hoteleröffnung

»Während des gestrigen Tages«, so berichtete die *Vossische Zeitung* am 24. Oktober, »hatten Kaiser, Kaiserin, Prinzessinnen und Prinzen den prächtigen Hotelbau besichtigt und Herrn Adlon ihre Anerkennung des hier Geschaffenen in ehrendster Weise ausgesprochen.«

Der Bericht – L. P. signiert – schwelgte dann in Einzelheiten des Baus: »Daß das neue Hotel eine außerordentliche und großartige Leistung im Hotelneubau und der Hoteleinrichtung für eine moderne Großstadt ist, will kein Unbefugter bestreiten. Um eine solche Schöpfung zu ermöglichen, bedurfte es freilich eines solchen Bauherren, seines Zusammenwirkens mit solchen Architekten, Künstlern, Kunsthandwerkern und Technikern, wie die hier tätig gewesenen und – eines verfügbaren Kapitals von 15. Mill.«

Die *Vossische Zeitung* widmete dem neuen Hotel am 27. Oktober 1907 einen dreiseitigen, detaillierten Bericht. Sein Verfasser, Dr. E. Carlotta, erging sich in den höchsten Tönen und griff auch zu Vokabeln, die wir heute zu Recht als chauvinistisch geißeln:

»Adlon's Verdienst in der Schöpfung des Monumentalbaues, der gestern der großen Welt erschlossen wurde, ist weit höher, als alle Schönredner es bisher eingeschätzt; er beruht in der glänzenden Durchführung einer nationalen Idee, in der Gewinnung des Siegespreises für eine d e u t s c h e Hotelschöpfung, die – allen Walldorf-astoriamilliärdären Amerikanern, allen Hotel Quartieren der Schweiz, allen Ritz Aktiengesellschaften Englands zum Trotz – für den Gewinn eines deutschen Gastgebers in der deutschen Reichshauptstadt und der um ihn gescharten deutschen Kräfte des Baufachs, Kunstgewerben und Kunsthandwerkes dem Triumph errungen hat, der Welt Unübertroffenes und Niedagewesenens dargeboten zu haben, so daß Deutschlands Glanz und Schimmer als weiße Feder sich vor keinen fremden Schwan mehr zu legen braucht.«

Und 1908 schwelgte Anton Jaumann: »Der Eindruck des festlichen Glanzes, der den Eintretenden sofort umfängt, ist charakteristisch für die Stimmung des ganzen Hauses. Man fühlt sich zum Feste geladen. Man fühlt sich Gast in einem fürstlichen Schloß. Die lichte Weiträumigkeit der in hellem Marmor strahlenden Halle, die bei jeder Wendung wechselnden malerischen Bilder, die Fülle des Reichtums, die doch diskret zur Schau gestellt wird, – das bestrickt und bezaubert Augen und Sinne, das umrauscht uns wie köstliche Musik.« Es war die Haltung des »Es ist erreicht«, die in allen Aussagen mitschwingt. Als in gewisser Weise typisch für die ersten Monate der Existenz des

Werbeanzeige des Hotel »Adlon«

»Adlon« ist die Berichterstattung über seine prominenten Gäste. So schrieb das *Berliner Tageblatt* am 16. Februar 1908 über den Besuch eines damals sehr berühmten brasilianischen Luftschiffers: »Santos Dumont, der, wie wir bereits in der Abendausgabe meldeten, zu einem kurzen Aufenthalt in Berlin eingetroffen ist, empfing gestern nachmittag einen unserer Mitarbeiter im Hotel Adlon, in dem der Brasilianer abgestiegen ist. ›Ich bin nun endlich in Berlin, allerdings nur auf vier bis fünf Tage‹, begann Santos Dumont das Gespräch, ›und ich habe mich auf diesen Aufenthalt schon lange gefreut. Wie wohltuend es für mich ist, nach angestrengter Arbeit für kurze Zeit ein wenig Ruhe und Erholung zu genießen, können Sie sich denken. In früheren Jahren reiste ich im Winter nach ›Monte‹ oder nach Spanien. Für dieses Jahr habe ich mir Berlin und Petersburg zu Erholungsstätten ausgewählt. ... So kurze Augenblicke ich erst in der deutschen Kapitale bin, habe ich doch schon auf einer Wagenfahrt durch das Stadtinnere einen überwältigten Eindruck von dem Weltstadtgetriebe Berlins empfangen. Pariser Freunde haben nicht übertrieben, wenn sie mir von dem ungeheuren Aufschwung Berlins erzählten. Ich bin hier lediglich als ruhebedürftiger Privatmann. ...‹.«

260 Zimmer mit 322 Betten und 110 Bädern hatte das Hotel »Adlon«, im ehemaligen »Reichshof« standen weitere 45 Zimmer mit 69 Betten und 30 Bädern zur Verfügung, insgesamt also 305 Zimmer mit 391 Betten und 140 Bädern. Alleine die große Zahl von Bädern war in dieser Zeit ein Novum.

Adlon machte – wie alle Hotelbesitzer – Werbung für sein Haus, nicht aggressiv, sondern eher sachlich und zurückhaltend. Seine Annoncen verwiesen vor allem auf die günstige Lage und die Zweckmäßigkeit des Hotels. Er ging einen neuen Weg und ließ in den damals gängigen Fremdsprachen einen Prachtband mit zahlreichen Fotos auf Glanzpapier drucken, der verschickt und auch Gästen im Hause überreicht wurde. Der Band erschien nach 1909 im Selbstverlag und ist in den Berliner Bibliotheken, selbst in denen, die sich speziell der Stadt widmen, nicht vorhanden. Liebhaber geben ihn von Hand zu Hand weiter. Als Verfasser konnte Adlon Max Rapsilber gewinnen, einen kultur- und kunsthistorisch versierten Berliner Autor, der ebenfalls – so weisen es seine Veröffentlichungen aus – dem Kaiserhaus nahestand.

Rapsilber schwelgt in seinen Ausführungen und ist dabei nicht immer ganz sachlich: »Es ist das erste Mal, daß wir in Berlin und wohl überhaupt in der Welt ein Hotel als Sinnbild und als Spiegel der Hochkultur ernsthaft zur Erörterung stellen.« Rapsilber gibt sich seinen Zeitgenossen als ernsthafter Kritiker, der unabhängig und nicht im Auftrag schreibt. Geschickt wirft er die Frage auf, »wieso es gekommen ist, daß auf ein Hotel ein so helles Licht fällt, man möchte der Erscheinung auf den Grund gehen, weil man ahnt, daß sich hier kultureller Fortschritt ankündigt und überhaupt das gesellschaftliche Leben in solchem Rahmen einer einschneidenden Wandlung entgegengeht. Das Hotel ist das Problem des zwanzigsten Jahrhunderts, und Adlon hat dieses Problem als erster gelöst. Auf dem von ihm gebahnten Wege werden nun alle Späteren fortschreiten müssen.«

Zwei Aussagen stehen bei Rapsilber im Mittelpunkt, zum einen, daß das Hotel im zwanzigsten Jahrhundert eine neue Rolle zu spielen habe, in den sich verändernden Gegebenheiten der Mobilität, des Zusammenwachsens, der Kommunikation von Politik, Wirtschaft, Kunst, Kultur und Tourismus. Dem wird man ohne größere Einwände beipflichten können, zeichnete sich doch schon zu dieser Zeit eine wachsende Europäisierung und Internationalisierung auf vielen verschiedenen Gebieten ab.

Dem zweiten Teil der Aussage kann nur bedingt zugestimmt werden. Gewiß, Adlon bot eine Lösung an, die zu ihrer Zeit angenommen und später als Erinnerung an die Kaiserzeit galt. Viele andere Unternehmen gingen einen ähnlichen Weg. Das Haus war auf die gesellschaftlichen Bedingungen der Zeit vor dem Ersten Weltkrieg eingestellt, frönte ihnen und hofierte sie; mit ihrem Untergang in Krieg und Revolution hatte sich die von Lorenz Adlon angebotene Lösung jedoch überlebt. Sein Sohn Louis Adlon hat den Bau dann auch den neuen Bedingungen der zwanziger Jahre im Innern angepaßt.

Streifen wir noch einmal kurz die Bedingungen der Entstehungszeit. Die deutsche Gesellschaft der Kaiserzeit nach 1900 – und nicht nur diese – veränderte ihre Struktur. Etikette und Zeremoniell, insbesondere bei Hofe, blieben bestimmend. Das eiserne Band von Herkunft, Standesunterschieden, Titeln, Rängen umschloß immer noch die Eliten. Ein Ausbrechen war nicht möglich. Man wollte wohl im eigentlichen auch nicht. Vielen lag aber daran, Freiräume zu besitzen, in denen man nur bedingt Rücksicht zu nehmen brauchte. Inseln abseits der alten Konventionen sollten Hotels sein, in denen dann neue Konventionen bestimmend waren. Darüber hinaus war der Kontinent kleiner geworden, die Menschen konnten schneller in alle Ecken und Enden der Welt reisen, und dort wollten alle Gewohntes, aber wiederum in Bequemlichkeit, erleben. Der Adel – sei er durch lange Familientraditionen oder durch Standeserhebung in diese Position gekommen – zeigte immer weniger Bereitschaft, auf seinen Gütern zu leben. Die Gutshäuser und Schlösser, die man besaß, waren alt, nicht komfortabel und nur unter Mühen zu modernisieren, dem Geschmack der Zeit anzupassen.

Der Verpflichtung zu den Hofbällen und den Bällen der Saison in der Residenz – nunmehr Kaiser- und Reichshauptstadt – kam jeder gerne nach. Man sah sich, traf seine Verabredungen über die Geschäfte und die Politik, schmiedete Hochzeitspläne; aber die Kosten, in Berlin ein eigenes,

Ein Blick in den üppig geschmückten Festsaal, 1910

Die Köche des Hotels während des Essens in der Küche, 1913

repräsentatives Palais oder eine standesgemäße Unterkunft für die Saison zu unterhalten, galt immer mehr als unbequem, zu teuer und zu aufwendig. Dieses konnte ein standesgemäßes Hotel übernehmen, in dem es sich bequemer, moderner, abgeschlossener und kostengünstiger leben ließ, ohne auf eine repräsentative, dem Stand entsprechende, niveauvolle Umgebung verzichten zu müssen. Hinzu kam, daß das »Adlon« mit seiner Inneneinrichtung den Geschmack der Zeit traf, ihn viel besser treffen konnte. Die Vielzahl der Gesellschaftsräume und deren unterschiedliche Dekoration im Stile verschiedener Epochen boten die Möglichkeit, den Rahmen für die Veranstaltungen zu wechseln. Kongresse, Messen, Ausstellungen – zwar als Einrichtung nicht neu, aber nun zahlreicher und in neuer Qualität, galten als notwendiges Mittel der persönlichen Repräsentation, des Verkaufs und der Geschäfte.

Gleichzeitig darf nicht unerwähnt bleiben, wie vielen Verführungen der Besucher in der sich immer rasanter entwickelnden Großstadt erliegen konnte. Ernst Heilmann veröffentlichte 1908 eine Karikatur, die zwei Herren der Gesellschaft im »angetüterten« Zustand zeigte, die links und rechts einer Kokotte mehr hangen als saßen. Die Unterschrift lautete: »Eene Woche Jemeinheit muß man haben. Denn wieder meinswegen Thron und Altar.« Alle diese Gegebenheiten hatte Adlon zu berücksichtigen. Er hatte seinen Gästen ein Haus zu bieten, das mehr Bequemlichkeiten besaß als jedes Schloß, als jede bisherige Einrichtung – auch mehr als das Schloß in Berlin. Adlon nahm dem Zahlenden seine Sorgen ab, arrangierte, zauberte und war bereit, jeden Wunsch zu erfüllen. Derjenige, der gezahlt hatte, mußte sich um nichts mehr kümmern auf seiner ›Insel der Behaglichkeit‹. Adlon war Meister und der Geist seines Unternehmens. Für Berlin war damit ein neuer Typ eines Hotels entstanden. Kurz gesagt: Man konnte es als »Hof-Hotel« würdigen.

Rapsilber hat dies – für unsere Ohren etwas überzogen – wie folgt gewertet: »Man sieht also auch hieraus wieder, das der von aller Welt angebetete Erfolg, ein rein persönliches Verdienst ist, die Emanation der starken und genialen Persönlichkeit, die im heißatmenden Ernst der Arbeit zum Schöpfer heranreift. Ein Genie auf seinem Gebiet ist Adlon ohne Frage, denn sonst wäre das Glück an seiner Tür unweigerlich vorbeigegangen. Ich bin überzeugt, daß alle die Gemächer einer großen Zukunft entgegengehen. In dem grünen Empiresaal mit den vielen Spiegeln, den man sich unbedingt im Lichte einer bunten und goldigen Uniform-Gesellschaft vorstellen muß, wird man vielleicht eine Neueinteilung unterzeichnen, in dem weiten Saal mit dem bombastischen Tierpolobild werden die Geld- und Industriegeneräle das wirtschaftliche Schicksal des Deutschen Reiches bestimmen, in dem Raffaelsaal, der mit Wandbildern und Ornamenten in der Art der raffaelischen Grotesken geschmückt ist, werden die Kunsthistoriker tagen, und in dem Goethegarten, in dem Blumenhof des Hotels, dem eine Büste des alten Goethe wohl ansteht, wird man über das Schicksal der deutschen Literatur abstimmen.«

Uns muten diese Worte heute mehr als fremd an, zumal sie sich auch noch in einem international verbreiteten Buch finden, das der Werbung dienen sollte. Aber die Zeit vor dem Ersten Weltkrieg dachte auch international anders, Landgewinn und Grenzverschiebungen galten als Mittel der Politik.

Gäste und Kellner im Hotelrestaurant, um 1910

Ein Kellner am Sekt-Kühlschrank der Großküche, 1913

Rapsilbers Buch wird in der Literatur auf das Jahr 1907 datiert, die letzten Bilder im Buch stammen aus dem Jahre 1909, und der Autor schreibt von fast vier Jahren, die das Hotel bereits bestehe. Es ist anzunehmen, daß Adlon diesen Prachtband auch mit Blick auf den 3. Internationalen Hotelierkongreß, der im November 1911 in Berlin tagte, schreiben ließ. Mit Erfolg, denn mit diesem Kongreß stieg Lorenz Adlon in die Riege der internationalen Hoteliers auf.

Das Treffen war für die gehobenen Zeitungen Berlins Anlaß, über den internationalen Rang der Stadt nachzudenken. So schreibt das *Berliner Tageblatt* am 15. November: »Die in ihrer Entwicklung unvergleichliche Reichshauptstadt ist auch auf dem besten Wege, an Zahl der alljährlich von ihr bewirteten Fremden jede andere Stadt der alten Welt in den Schatten zu stellen. Schon jetzt hat es fast doppelt so viele Fremde wie Wien. Trotzdem ist Berlin bisher keine Fremdenstadt im eigentlichen Sinne des Wortes… Vorläufig ist Berlin eine gewaltige Einkaufszentrale, die Stadt der Konferenzen, die größte Fabrikstadt. Dank ihrer Riesenbanken ist es die deutsche, in absehbarer Zeit die europäische Geschäftszentrale. Allein dadurch hat es, abgesehen von denen, die Berlin nur sehen wollen, eine gewaltige Menge Fremde, die den Hotelpalästen von vornherein die große Klientel sichern. Denn diese Fremden kommen ihrer Geschäfte wegen immer wieder, alljährlich vier-, fünf-, zehnmal. Dazu Landwirtschafts- und nun auch Hansawoche und sonstige immer wiederkehrende Tagungen großer Verbände. Die Parlamente: der Reichstag, Herrenhaus und Landtag, die militärischen und gouvernementalen Beziehungen, die Hoffeste, sie alle ziehen einen niemals unterbrochenen Fremdenstrom in die Reichshauptstadt.«

Es folgte der Hinweis, daß die Teilnehmer dieser »hochgewachsenen Macht des gesamten Standes zusammenfassende Verein der internationalen Hotelbesitzer« eine Besichtigung der Hotels »Adlon«, Bristol, Kaiserhof und Esplanade vornehmen sollten. »Die eben genannten Welthotels, wie auch andere Häuser allerersten Ranges, haben nach außen hin auch die Bedeutung, daß sie eine immerwährende Reklame für Berlin sind. Was die Uhl (Konrad Uhl, Gründer des Hotels Bristol und Besitzer weiterer Berliner Hotels der Spitzenklasse, d. Vf.), Adlon und andere Zierden des Standes für sich getan haben, tun sie immerwährend für Berlin. Der Glanz, der von ihren Schöpfungen ausgeht, strahlt auch denen, die nicht so glücklich sind, sich fürstlich bewirten zu lassen. Von solchen Hotels spricht man in aller Welt wie von berühmten Museen. Dadurch bereiten sie Berlin den Weg zur Fremdenstadt. Diese wird, das ist gar keine Frage, in der durch den Verkehr zersplitterten Gestalt gerade auch durch die Hotels gefördert. Je mehr diese den Familienaufenthalt ermöglichen, ein Heim gewähren, desto näher ist der Weg zur Fremdenstadt.«

Der Autor, Rudolf Sendig aus Dresden, wagt – nach einigen Ausführungen über die zunehmende Liberalität der Berliner Gesellschaft und des Hofes – dann eine Prognose, die bis heute ihre Gültigkeit nicht eingebüßt hat: »Ich brauche den Kennern des Pariser Lebens und Londoner ›Seasons‹ nicht zu sagen, was Berlin fehlt, und vermutlich noch lange fehlen muß. Berlin hat alle Tugenden, aber natürlich auch alle Untugenden der Jugend. Dennoch scharmiert es den vorurteilsfreien Fremden schon heute. Auch wird es nicht Fremdenstadt in dem Sinne sein, daß es einen bestimmten Fremdencharakter zeigt, wie einst Dresden und heute Paris, das um den Arc de Triomphe eine große amerikanische Kolonie hat. Dazu ist Berlin politisch nicht beliebt genug. Auch lieben die Milliardäre keine andere Sonne neben oder gar über sich. Aber auf diese kommt es ja schließlich gar nicht an, wenn nur die Millionäre kommen. Und diese werden sich um so zahlreicher einfinden, je weiter die Arbeitsstadt Berlin ihre Fäden spinnt, und je länger die Fremdenstadt Berlin gegenüber dem Lärm des Erwerbs das Behagen seines Genusses festhält.«

Gelderwerb und Behagen des Genusses; hier wird ein wesentlicher Teil der Auffassungen beschrieben, denen Lorenz Adlon huldigte, die er zu seinem Geschäftsprinzip machen wollte und durchsetzte. Er selbst kam durch diesen Kongreß von etwa 1 000 Hoteliers aus aller Welt in den Kreis der Spitzenhoteliers und hatte im Rennen um die Gunst der Gäste entscheidende – weil internationale – Punkte gewonnen. Zwar ehrte das Präsidium des Kongresses noch Konrad Uhl, aber beim Schlußbankett am 16. November erhielt Adlon ausführliches Lob für sein Haus: »Von allen Lippen und in allen Sprachen wird der gastlichen Reichshauptstadt das hellste Lob gespendet ... Berlin hat seine ›Prüfung‹ nach dem übereinstimmenden Urteil auf das glänzendste bestanden.«

Das *Berliner Tageblatt* erwähnt im Gegensatz zu anderen Zeitungen das »Adlon« zwar nicht namentlich, aber der Ruf des Hauses war von Stund an gefestigt. Das Hotel war in seiner Ausstattung ein Haus »vornehmsten Stils« und zugleich technisch auf dem modernsten Stand. Lorenz Adlon hatte es geschafft, die verwöhntesten Reisenden aus der alten und neuen Welt für sich zu gewinnen. Namentlich die Gäste aus Amerika bevorzugten, im »Adlon« abzusteigen.

»In der großen Halle des Hotels«, schreibt die *Berliner Morgenpost* 1921, »hörte man die Sprachen aller Kulturnationen durcheinanderschwirren. ... Staatsmänner und Diplomaten, Künstler von Weltruf ...; schöne und elegante Frauen aus aller Herren Länder gaben dem stets buntbewegten Bild, das die Gesellschaftsräume des Hotels erfüllte, Anmut und Glanz. Bis der Krieg kam und die Schar der fremdländischen Gäste auseinanderstob. Einige Jahre hindurch bildeten deutsche Fürstlichkeiten, Staatsmänner und Heerführer die prominentesten Gäste bei Adlon. Fürst Bülow, der frühere Reichskanzler, ... blieb dem Hause, in dem er zunächst Aufenthalt auf deutschem Boden nahm, treu, und statt der Ausländer nahmen mehr und mehr führende Männer des deutschen Wirtschaftslebens hier Quartier, wenn mit der Kriegswirtschaft zusammenhängende Geschäfte sie nach Berlin führten. Manche bedeutsame politische und wirtschaftliche Konferenz fand bei Adlon statt; immer seltener wurden die einst so zahlreichen Banketts und festlichen Veranstaltungen, je mehr die Knappheit in Küche und Keller sich auch an dieser Stelle geltend machte.

Dann kamen die Tage des Zusammenbruchs und des Aufruhrs, und das Portal des Hauses mußte nicht selten geschlossen werden, wenn draußen, Unter den Linden, der Kampf tobte und die Kugeln schwirrten. Und dann kam die Zeit, da die ausländischen Militärmissionen in Berlin erschienen, um die Durchführung des Waffenstillstandes und des Friedens zu überwachen. Der französische General Nollet schlug bei Adlon sein Hauptquartier auf, und in seinem Gefolge erschien eine Schar Entente-Offiziere und Beamten, die bis zum heutigen Tage einen großen Teil des Hauses mit Beschlag belegt haben. Mit großem Takt und mit der Geschicklichkeit eines Weltmannes wußte Lorenz Adlon diesen fremdländischen Gästen zu begegnen.«

Die Sailergasse in Mainz, um 1900; hier verbrachte der spätere Hotelier Lorenz Adlon seine Kindheit

Die Adlons – Anfang und Ende einer Hotel-Dynastie

»Ein echter Berliner kommt aus Schlesien«, hieß es, nachdem Berlin Hauptstadt des Kaiserreichs geworden war. Ausnahme von der Regel ist ausgerechnet Lorenz Adlon, dessen Name mit Berlin in der ersten Hälfte unseres Jahrhunderts so eng verbunden ist. Die Familie Adlon ist auch keine Berliner Familie, obwohl der Name auf hugenottischen Ursprung schließen lassen könnte.

Am 29. Mai 1849 in Mainz geboren, war Lorenz Adlon das sechste von neun Kindern. Die stolzen Eltern waren der Schuhmacher Jacob Adlon und seine Frau, die Hebamme Anna Maria Elisabeth. Die Geburtsurkunde vermerkt, daß sie »um vier Uhr des Morgens ... mit einem Kinde männlichen Geschlechtes, welchem der Vorname Laurenz beigelegt worden, niedergekommen sei«.

Wann aus dem Laurenz dann Lorenz Adlon wurde, läßt sich heute nicht mehr mit Sicherheit nachweisen. Änderungen des Vornamens aus den verschiedensten Gründen waren damals nicht ungewöhnlich und hatten in der Familie sogar eine kleine Tradition. Lorenz Adlons Sohn Louis kam 1874 als Ludwig Anton in Mainz zur Welt.

Woher die Adlons oder Adelons – beide Schreibweisen finden sich in den Urkunden des Mainzer Stadtarchivs – ursprünglich kamen, bleibt im dunkeln. Andreas Adelon, kurfürstlicher Reitknecht und 1744 im Spessart geboren, ist zumindest der erste dieses Namens, der in Mainz registriert wurde. Die Adlons waren also kleine Leute. Den Ruf zum »Höheren« scheint Laurenz/Lorenz von seiner Mutter geerbt zu haben. Denn von ihr wird berichtet, daß sie als Oberhebamme in der Mainzer Hebammenlehranstalt tätig war und am Großherzoglichen Hof zu Darmstadt allen Prinzen und Prinzessinnen ihrer Zeit behilflich war, das Licht der Welt zu erblicken. Eines dieser Kinder wäre dann Alice von Hessen-Darmstadt gewesen, die später als Alexandra Fjodorowna und letzte Zarin Rußlands in die Geschichte einging.

1872, als die künftige Zarin zur Welt kam, hatte Lorenz Adlon seine erste Berufsausbildung beendet. Ein ordentliches Handwerk hatte der junge Mann ergriffen: Er absolvierte eine Ausbildung als Tischler bei der Firma Bembé, einer schon damals renommierten Mainzer Möbelfirma mit über 100 Beschäftigten. Das wäre an sich keiner weiteren Erwähnung wert, hätte sich die Firma in den folgenden Jahrzehnten nicht zu einem der erfolgreichsten Dekorations- und Inneneinrichtungsbetriebe in Deutschland entwickelt und Schlösser, Villen und Überseedampfer ausgestattet und am Reichstag in Berlin mitgearbeitet. Der Lehrling von einst wurde schließlich Auftraggeber: Die Firma Bembé übernahm die Innenausstattung beim Bau des »Adlon«. Doch bis dahin war es noch ein weiter Weg, obwohl es den Jungen schon als Tischlerlehrling zur Gastronomie gezogen haben soll. Berichtet wird, daß er immer wieder in seiner Vaterstadt den »Holländischen Hof« besucht haben soll, um zu sehen, »wie die vornehmen Gäste sich beim Essen benehmen«. Hedda Adlon wiederum schreibt, daß er in seiner Freizeit ein begeisterter Turner gewesen sei und anläßlich eines Ausflugs von seinen Vereinskameraden den Auftrag erhielt, für Speisen und Getränke zu sorgen. Der Gewinn, den er dabei machte, habe ihn auf den Geschmack gebracht, das Handwerk zu wechseln. Wie auch immer: Der Nachruf, der anläßlich seines Todes in der *Newyorker Staatszeitung* erschien, erwähnt denn auch, daß Adlon sich nach seiner Teilnahme am Deutsch-Französischen Krieg 1870/71 in Mainz als Gastwirt niederließ. »Der junge Adlon hatte bei seinem Trip durch Frankreich viel gelernt, und was ihm dort aufgefallen war, das hat er sehr geschickt in seinem kleinen Unternehmen verwendet.«

Annonce des »Raimundigarten« in Mainz, um 1880

Doch es blieb nicht bei dem kleinen Unternehmen. 1876, als seine Vaterstadt das rheinische Schützenfest ausrichtete, verdiente er sich erste Sporen bei der Leitung eines »Massen-Restaurationsbetriebes«, und Adlon wurde in einer Urmainzer Tradition aktiv, dem Karneval. Seit 1878 verzeichnet ihre Chronik Sitzungen im sogenannten Raimundigarten, einem Ausflugslokal auf einer ehemaligen Bastion, die zum Festungssystem von Mainz gehörte. Der Raimundigarten, genaugenommen eine Holzbaracke, denn nichts Anderes durfte an solch exponierter Stelle gebaut werden, wurde von den Mainzern gern besucht, und das Geschäft florierte. Lorenz Adlon muß über ein bemerkenswertes Geschäfts- und Organisationstalent verfügt haben, denn die Erfolge in Mainz reichten ihm bald nicht mehr aus.

»Das Schützenfest in Düsseldorf«, berichtete die *Newyorker Staatszeitung* im Stil der Zeit national überheblich, »das Deutsche Turnfest in Frankfurt a. M. 1881, die Bayerische Gewerbeausstellung in Nürnberg 1882 sind die Etappen gewesen, die ihn zur Weltausstellung nach Amsterdam führten, wo er im internationalen Wettbewerb Sieger wurde und Sieger blieb. … Als am Eröffnungstage die ganze Ausstellung noch unfertig war, zeigte sich der deutsche Fleiß im Hauptrestaurant, das bis auf den letzten Nagel schon seit Tagen vollendet seine Gäste empfangen konnte.« Das war 1888. Er war Pächter sämtlicher Restaurationsbetriebe, die er mustergültig führte, und der Name »Adlon« bekam zum ersten Mal einen internationalen Klang in der Gastronomie.

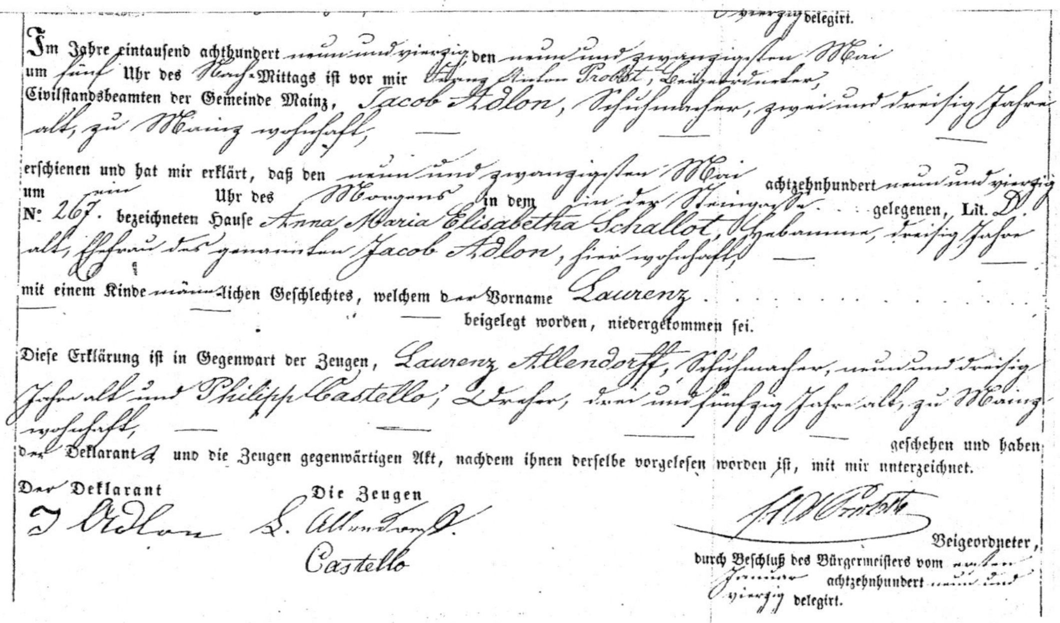

N° 573.

Im Jahre eintausend achthundert neun und vierzig den neun und zwanzigsten Mai um fünf Uhr des Nach-Mittags ist vor mir Probst, Beigeordneter, Civilstandsbeamten der Gemeinde Mainz, Jacob Adlon, Schuhmacher, zwei und dreißig Jahre alt, zu Mainz wohnhaft,

erschienen und hat mir erklärt, daß den neun und zwanzigsten Mai achtzehnhundert neun und vierzig um vier Uhr des Morgens in dem in der gasse gelegenen, Lit. D. N°. 267. bezeichneten Hause Anna Maria Elisabetha Schallot, Ehefrau, dreißig Jahre alt, Ehefrau des genannten Jacob Adlon, hier wohnhaft,

mit einem Kinde männlichen Geschlechtes, welchem der Vorname Laurenz beigelegt worden, niedergekommen sei.

Diese Erklärung ist in Gegenwart der Zeugen, Laurenz Allendorff, Schuhmacher, neun und dreißig Jahre alt und Philipp Castello, Dreher, drei und fünfzig Jahre alt, zu Mainz wohnhaft, geschehen und haben der Deklarant und die Zeugen gegenwärtigen Akt, nachdem ihnen derselbe vorgelesen worden ist, mit mir unterzeichnet.

Der Deklarant J Adlon

Die Zeugen L. Allendorff Castello

Probst Beigeordneter, durch Beschluß des Bürgermeisters vom Januar achtzehnhundert vierzig delegirt.

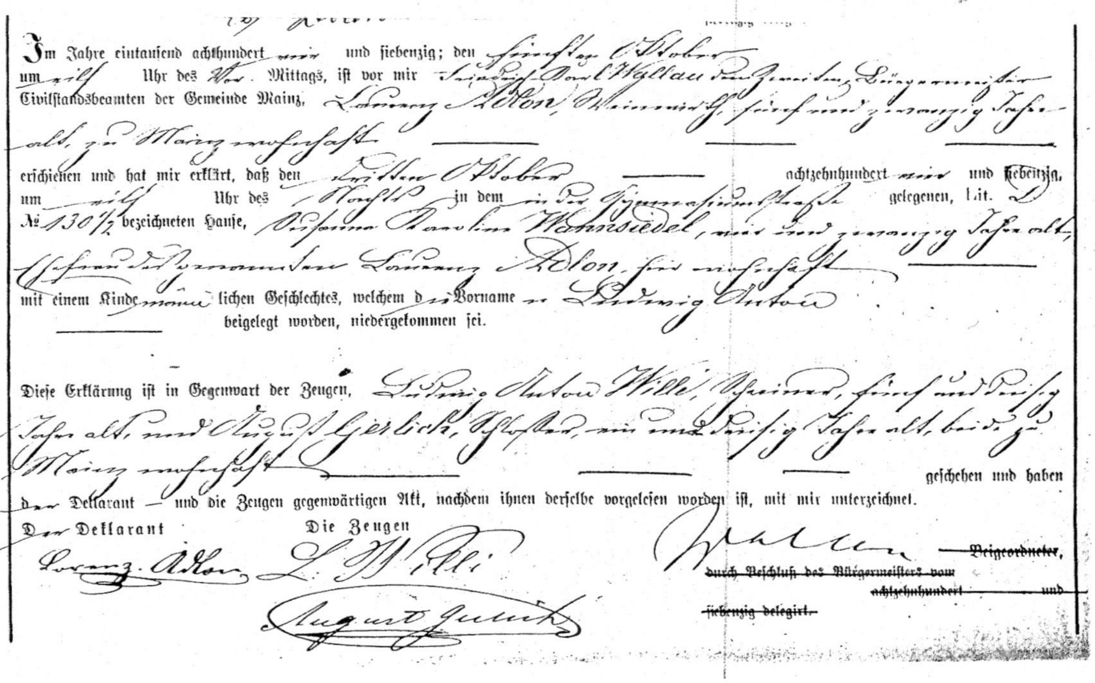

1637 Im Jahre eintausend achthundert vier und siebenzig; den fünften Oktober um elf Uhr des Vor-Mittags, ist vor mir Carl Wallau Bürgermeister Civilstandsbeamten der Gemeinde Mainz, Lorenz Adlon, Weinwirth, fünf und zwanzig Jahre alt, zu Mainz wohnhaft

erschienen und hat mir erklärt, daß den dritten Oktober achtzehnhundert vier und siebenzig, um elf Uhr des Nachts in dem in der Gymnasiumstraße gelegenen, Lit. D

115 № 130½ bezeichneten Hause, Johanna Karoline Wahnsiedel, vier und zwanzig Jahre alt, Ehefrau des genannten Lorenz Adlon, hier wohnhaft

mit einem Kinde männlichen Geschlechtes, welchem der Vorname Ludwig Anton beigelegt worden, niedergekommen sei.

Diese Erklärung ist in Gegenwart der Zeugen, Ludwig Anton Wille, Weinwirth, fünf und dreißig Jahre alt, und August Gerlich, Schlosser, ein und dreißig Jahre alt, beide zu Mainz wohnhaft geschehen und haben der Deklarant und die Zeugen gegenwärtigen Akt, nachdem ihnen derselbe vorgelesen worden ist, mit mir unterzeichnet.

Der Deklarant Lorenz Adlon

Die Zeugen L. Wille August Gerlich

Wallau ~~Beigeordneter, durch Beschluß des Bürgermeisters vom achtzehnhundert und siebenzig delegirt.~~

Geburtsurkunde von Laurenz/Lorenz Adlon, Standesamt Mainz

»Haupt-Restaurant von Adlon & Dressel am Neuen See«, 1896

Ein Jahr später, 1889, erwarb Adlon sein erstes Hotel, das »Mille Colonnes«, am Rembrandt-Platz in Amsterdam.

In jenen Jahren hatte Lorenz Adlon seine Vaterstadt bereits verlassen. Bis 1880 ist er in den Mainzer Adreßbüchern verzeichnet, doch dann zog es den aufstrebenden Gastronomen der Gründerzeit in die Hauptstadt, nach Berlin. Während der Weltausstellung hatte er Benjamin Bilse, den Dirigenten eines damals berühmten Orchesters (aus diesem ging das Berliner Philharmonische Orchester hervor) kennengelernt. Er führte den Mainzer in die Berliner Gesellschaft ein. Adlons Vermögen war schon damals groß genug, um das Restaurant »Hiller«, Unter den Linden 55, zu erwerben. Das war nicht irgendein Restaurant, sondern ein exklusives Feinschmeckerlokal mit französischer Küche. Anders als in den europäischen Metropolen Paris, Wien oder Rom legte man im Berlin der Gründerzeit auf eine gute Küche scheinbar weniger Wert und blieb – zumindest auf diesem Gebiet – noch tiefe Provinz. Biedere Hausmannskost war in Hotels und Gaststätten angesagt. Der Gast konnte sich »zu Hause« fühlen.

Mit dem Erwerb des »Hiller« hatte Lorenz Adlon die Marktlücke erkannt und plante schon bald die Expansion. Er wählte am 1. Januar 1899 dazu einen Ort, an dem jedoch heutzutage die »kulinarische Wüste« traditionell fröhliche Urstände feiert: die Zooterrassen im Zoologischen Garten. Unter ihrem zweiten Pächter, Lorenz Adlon, wurden sie aber zu einem erstklassigen Restaurant: mit einer Bouillabaisse, wie man sie sonst nur in Marseille bekam, Cassata wie in Neapel und einer Patisserie wie in Budapest. Und die Berliner kamen. Ob sie mehr die Affen sehen oder die Küche der Zooterrassen probieren wollten, wer will das heute noch sagen. Hedda Adlon berichtet, daß an einem durchschnittlichen Sommerabend ein Umsatz von sechzigtausend Mark die Kassen gefüllt haben soll.

Ob Lorenz Adlon selber kochen konnte, ist nicht überliefert. Aber er hatte den Berlinern gute Küche gebracht, und da Liebe bekanntlich durch den Magen geht, wurde es eine erfolgreiche Verbindung. »Die Krönung des Erfolgs trat ein, als eines Tages Prinz Wilhelm mit einigen Offizieren und Herren seiner Begleitung ganz unerwartet und zwanglos zum Essen auf den Zoo-Terrassen erschien«, schreibt Hedda Adlon. Seitdem sei der Besuch des Restaurants auch in den feinsten Berliner Kreisen ein Muß gewesen. Kann man sich eine bessere Werbung wünschen? Sicher ist, daß Lorenz Adlon sich »allerhöchster Protektion«, wie so etwas damals hieß, erfreuen konnte. So hatte er auch zusammen mit einem Partner anläßlich der Berliner Gewerbeausstellung 1896 das sogenannte »Haupt-Restaurant von Adlon & Dressel am Neuen See« betrieben. Bemerkenswert an der Ausgestaltung des Lokals sind die zahlreichen Stilelemente, die sich elf Jahre später am und im »Adlon« wiederfinden werden.

Doch bevor er sich diesen Traum erfüllen konnte, pachtete Adlon 1898 das Hotel »Continental« in der Nähe des Bahnhofs Friedrichstraße, sammelte Erfahrungen, vergrößerte sein Vermögen und machte sich auch in dieser neuen Branche einen Namen. Aus dieser Zeit stammt übrigens der Kontakt zu dem bereits erwähnten Dresdener Hotelier Rudolf Sendig.

Über das Privatleben des Lorenz Adlon ist wenig überliefert. Aber lange Jahre des Eheglücks waren ihm nicht beschieden. Aus den Akten des Mainzer Stadtarchivs geht hervor, daß er in erster Ehe mit Susanne Wannsiedel verheiratet war, der Tochter eines Schuhmachers, die ihm zwischen 1872 und 1877 drei Jungen und zwei Mädchen schenkte. Anna Katharina, die älteste Tochter, und ihr Bruder Ludwig Anton, später Louis, geboren 1874, sollten nach dem Tod des Vaters das Hotel erben. Ihre Mutter verstarb 1878, nur 28 Jahre alt, in Mainz. Ein Jahr später heiratete Lorenz Adlon seine zweite Frau Fanny Claus, die auch verwitwet war. Sie starb 1893 in Berlin.

Lorenz und Louis Adlon blieben übrigens – das ist den Mainzer Akten zu entnehmen – auch als erfolgreiche Hoteliers in Berlin hessische Bürger. Erst 1913 bzw. 1911 wurden sie »in den preußischen Staatsverband aufgenommen«.

Das zweite Standbein des Unternehmers Lorenz Adlon war seine Weinhandlung in der Wilhelmstraße. Nach einigen Quellen soll Wein für einige Millionen, anderen Aussagen zufolge eine Million Flaschen im Keller aufbewahrt worden sein. Adlon kaufte direkt beim Winzer, ließ die Faßware im Weinkeller lagern und von eigenem Personal pflegen und auf Flaschen ziehen. Er hatte seit Gründung des Hotels ein kleines Vermögen eingelagert, das durch steigende Weinpreise während und nach dem Ersten Weltkrieg weiter wuchs. Als dann auch noch eine Reblausplage das Weinangebot auf dem Markt weiter verknappte, wurden die eingelagerten Vorräte noch wertvoller. Mit einem Mal hatten die Weine einen Wert erreicht, der es dem Hotelier auch in den wirtschaftlich schweren Zeiten erlaubte, nach und nach die finanziellen Belastungen abzutragen. Im Herbst 1920, so erinnert sich Rudolf Sendig, habe Lorenz Adlon ihm gesagt: »Meine Verhältnisse sind nunmehr derart geordnet, daß meine Kinder, sollte ich plötzlich abberufen werden, keinerlei finanzielle Sorgen haben. Meine Hypotheken sind auf die nächsten 15 Jahre unkündbar gemacht, ja, ich war in der Lage, einen beträchtlichen Teil derselben zurückzuzahlen.«

Daß Vater und Sohn konservativ waren und treu zur deutschen Monarchie standen, daran bestand kein Zweifel. Als Anhänger der Sozialdemokratie hätte Lorenz Adlon wohl nie die Gunst Wilhelms II. genossen. Er war ein Kind des wilhelminischen Deutschland, und das Ende des Kaiserreiches war für ihn eine furchtbare Erfahrung, die ihn letztendlich auf tragische Weise das Leben kostete. Genaugenommen war es sogar die Lage seines Hotels: am Pariser Platz, der nach Westen vom Brandenburger Tor abgeschlossen wird. Hier erlitt er am 9. November 1918, dem Tag, an dem die Republik ausgerufen wurde und der Kaiser längst Berlin verlassen hatte, einen folgenschweren Unfall.

Werbung für die Weinhandlung Adlon, um 1920

Hedda Adlon schreibt, daß er an diesem Tag vor dem Brandenburger Tor den Pariser Platz überqueren wollte. Fünf Durchfahrten hat das Tor, vier davon waren all die Jahre für den allgemeinen Verkehr freigegeben. Nur die mittlere war für den Kaiser reserviert. Und genau hier sei er von einem Lkw mit rebellierenden Soldaten gestreift worden, die sich nicht mehr an die Etikette früherer Tage hielten. Seit diesem Unfall litt er an einer Thrombose, und seitdem soll er täglich diesen Weg wieder gegangen sein, ohne sich an der mittleren Durchfahrt um den Verkehr zu kümmern. Und so wurde er an derselben Stelle im Frühjahr 1921 noch einmal von einem Auto zu Boden gerissen. Wenige Tage später, am 7. April 1921, starb er an den Folgen dieses zweiten Unfalls.

Die Welt der Weimarer Republik war nicht mehr Adlons Welt. Der Nachruf im Anzeiger seiner Heimatstadt Mainz trug dann auch die Überschrift »Der Aristokrat der Hoteliers« und stellt fest: »In der jüngsten Zeit hat Adlon vom internationalen Hotelverkehr in seinem Hause mehr aufnehmen müssen, als ihm lieb war. Das Hotel Adlon ist der Hauptverkehrspunkt unserer Ententevögte geworden ... Aber auch, was sich an deutschen Zivilisten in seinen Räumen Wohnung nahm, mag ihn nicht immer erfreut haben. Die jungen Herren mit den Verdienergesichtern, den Lackstiefeln,

Lorenz Adlon, um 1911

Gürtelfalten und dicken Schieberbrieftaschen waren kaum die Figuren, die er sich für seine Luxuszimmer geträumt hatte ... Die Welt ist schrecklich heruntergekommen und der Aristokrat der Hoteliers hat sich im rechten Augenblick in ein besseres Hotel hinüberquartiert.«

Die Todesanzeige der Familie, veröffentlicht am 9. April 1921 im Berliner Tageblatt, informierte die Bewohner der Hauptstadt vom Ableben ihres ersten Hoteliers. Von der feierlichen Beisetzung berichtete dasselbe Blatt in der Abendausgabe vom 12. April:

»Heute vormittag wurden die sterblichen Überreste Lorenz Adlons auf dem Friedhof der katholischen Gemeinde in der Liesenstraße zur letzten Ruhe bestattet. Vorher fand in der Hedwigskirche eine große Trauerfeier statt, der außer den Angehörigen und persönlichen Freunden des Verstorbenen zahlreiche Vertreter öffentlicher und privater Körperschaften, Vereine und Verbände beiwohnten. Zahllose Kränze und Blumengewinde schmückten den vor dem Altar stehenden Sarg. Auch der ehemalige Kaiser hatte einen Kranz geschickt. Kuratus Rust segnete die Leiche ein. Frau Kammersängerin Marie Götze sang die ›Litanei‹ von Schubert und das Gebet von Wolf und Kammersänger Jadlowker Bachs ›Süßer Tod‹. Am Grabe sprachen der Geistliche, der Vertreter der Gastwirtsverbände, sodann Generaldirektor Sendig und ein Vertreter der Angestelltenschaft.

Bemerkt wurden u. a. Generaldirektor Heineken vom Norddeutschen Lloyd und Generaldirektor Cuno von der Hamburg-Amerika-Linie, der frühere Landwirtschaftsminister und General von Livonius, Senator Böhmers aus Bremen und der Generaldirektor des Frankfurter Hofs in Frankfurt Gottlob. Außerdem der Chef der interalliierten militärischen Kontrollkommission in Berlin General Nollet mit seinem Stab, sowie der englische General Bingham.«

Auch im fernen Mainz wurden die Leser ausführlich über die prunkvolle Trauerfeier für den Sohn ihrer Stadt in der katholischen St. Hedwigskirche zu Berlin, den Trauerzug und die Beisetzung auf dem Friedhof der Gemeinde unterrichtet. Und da das Fernsehen noch nicht einmal erfunden war und die Zeitungen noch nicht so viele Fotos drucken konnten, schließt der Bericht mit den für heutige Leser befremdlichen Satz: »Bilder dieser großartigen Trauerfeier sind in dem Schaufenster des ›Mainzer Journals‹ ausgestellt.«

Louis Adlon in seinem Arbeitszimmer im Hotel »Adlon«, um 1920

Nur zwei Tage später hatte die Familie Adlon auch die Bürger seiner Vaterstadt Mainz mit einer identischen Anzeige vom Ableben ihres Sohnes unterrichtet. Als trauernde Hinterbliebene zeichnen in beiden Fällen die älteste Tochter Anna Foerster, geb. Adlon, und ihr jüngerer Bruder Louis mit »Frau und 5 Enkeln«. Eigentlich wäre dies nicht erwähnenswert, wenn die »Frau« mit den fünf Enkeln Hedda Adlon gewesen wäre oder sie in ihrem Buch über diese Zeit mit etwas mehr Liebe zum Detail berichtet hätte. Kurzum, an dieser Stelle ist die Zeit für Klatsch gekommen: Während nämlich Hedda Adlon treulich vom Tode ihres Schwiegervaters berichtet, verschweigt sie ein ganz wichtiges Detail: Louis Adlon war zu diesem Zeitpunkt noch mit seiner ersten Ehefrau Tilly verheiratet, mit der er fünf Kinder hatte. Das jüngste, Elisabeth, war gerade ein Jahr zuvor geboren worden. Kurz vor Weihnachten desselben Jahres kam Hedda, wie sie schreibt, als Gast ins »Adlon« und lernte ihren Mann am Silvesterabend kennen. »Ein unwahrscheinlich vornehm aussehender schlanker Herr mit grauen Schläfen und einem prächtigen edlen Kopf schien mich ganz besonders zu beobachten. Erst später am Abend erfuhr ich, daß es Herr Louis Adlon war. Obwohl wir nicht viele Worte wechselten, wurde an diesem Abend unser Schicksal besiegelt. Wir trennten uns nie mehr.«

Dafür trennte sich Louis von seiner ersten Frau und den Kindern, und die Berliner Klatschmäuler dürften sich die ihren zerrissen haben. Denn Scheidungen waren zu dieser Zeit, in diesen

Hedda Adlon, Aufnahme aus den zwanziger Jahren

Louis Adlon begrüßt im Hof seines Landhauses in Neufahrland die Gäste der Hubertusjagd, 1929

Gesellschaftskreisen, noch lange nicht an der Tagesordnung. Darum wurde die Hochzeit mit Hedda, wie sie schreibt, wohl auch »ohne großes Aufsehen vollzogen«.

Die erste Frau Adlon verließ Berlin und zog mit ihren Kindern nach Süddeutschland. Als sie erwachsen waren, zog es sie fast ausnahmslos in die USA, wo sie ins Hotelfach gingen. Eine Ausbildung im Hause ihres Vaters kam nicht in Frage. Die älteste Tochter, Susanne, wurde 1935 Mutter. Ihr ältester Sohn Parsifal führt den Namen der Familie weiter und gehört seit Jahrzehnten zur deutschen Filmprominenz: Percy Adlon.

Louis Adlon und seine Frau Hedda führten bis zum Ende des Zweiten Weltkriegs das Leben eines wohlsituierten Hotelierpaares in der Berliner Gesellschaft. Das Kriegsende erlebten beide in ihrem Landhaus in Neufahrland bei Potsdam, das Hedda in die Ehe miteingebracht hatte und wo beide an den Wochenenden ihren gesellschaftlichen Verpflichtungen nachgegangen waren. Es war nach ihren Erinnerungen der 25. April 1945, als die ersten Soldaten der Roten Armee Neufahrland erreichten und auch das Haus der Adlons durchsuchten. Angeblich forschten sie nach irgendwelchen Dokumenten im Haus, als die Frau eines Angestellten die Nerven verlor und den Soldaten beschied:

»Nix Documenta! ... Da Generaldirektor!« Das Wort ›General‹ war für Louis Adlon das Todesurteil. In der Annahme, einen General der Deutschen Wehrmacht in Zivil vor sich zu haben, ver-

Das Adlonsche Familiengrab auf dem Alten Domfriedhof Sankt Hedwig, Berlin

hafteten sie ihn und führten ihn ab. Hedda Adlon versuchte, ihrem Mann zu folgen und fand doch nur seinen Leichnam. Einen Tag vor Kriegsende, am 7. Mai 1945, soll er laut Totenschein gestorben sein. Sie ließ ihn bestatten, um ihn dann 1952 auf dem Berliner Domfriedhof Sankt Hedwig neben seinem Vater zur letzten Ruhe zu betten. Hedda Adlon selbst starb 1967, sechs Jahre nach dem Mauerbau. Damals war der Friedhof, auf dem Mann und Schwiegervater begraben waren, schon längst Grenzgebiet, gehörte zu Ost-Berlin. Sie hat ihre letzte Ruhestätte auf dem Friedhof Wilmersdorf in West-Berlin gefunden. Zusammen mit zwei anderen Frauen teilt sie sich ein Urnengrab. Für die Kinder und Enkel des Hoteliers Louis Adlon blieb sie jedoch über den Tod hinaus Persona non grata.

Lorenz Adlons älteste Tochter, Anna Katharina, ist als einzige der Familie nach Mainz zurückgekehrt. Sie hatte sich nach dem Tod des Vaters von ihrem Bruder Louis auszahlen lassen und einen Arzt geheiratet. Bei Kriegsende wurde sie, so berichtete die *Mainzer Allgemeine*, aus Salzburg, wo sie inzwischen lebte, ausgewiesen und kehrte in ihre Vaterstadt zurück. Vom Glanz und Reichtum des »Adlon« oder dem Erbe ihres Vaters war auch ihr nichts mehr geblieben. Sie starb mit 84 Jahren, 1956, in der Nähe von Mainz.

Tanzveranstaltung im Ballsaal des Hotel »Adlon«, um 1925

Hotelgeschichten – Vom Leben in einer Legende Angestellte und Gäste erinnern sich

Der Ruf eines guten Hotels, eines guten Restaurants ist wie ein Markenartikel. Man kann ihn – auch mit noch so viel Werbung und Public Relations – nicht machen, er muß langsam wachsen, wenn er überdauern soll. Wie der Gründer Lorenz Adlon den Grundstein dafür gelegt hat, hat Hedda Adlon aus Erzählungen beschrieben, die ihr im Laufe der Jahre an der Seite ihres Mannes zu Ohren gekommen sind. Daran müssen wir uns halten, denn die Menschen, die die ersten Jahre des »Adlon« selber miterlebt haben und darüber erzählen könnten, sind längst tot. Akten und Firmenarchiv, die vielleicht hätten weiterhelfen können, sind mit dem alten Haus untergegangen. Im Herbst 1997 wäre das erste »Adlon« 90 Jahre alt geworden. Eine Zeitspanne, die für die Geschichte eines Hotels einfach zu groß ist, um sie heute noch nachzuerzählen. Über die Geschichte eines Hotels werden von den Historikern gemeinhin keine Fakten gesammelt, um seinen Ruhm zu mehren oder um ihm Gerechtigkeit vor der Geschichte widerfahren zu lassen. Ein Hotel, auch ein Luxushotel wie das »Adlon«, ist ein Unternehmen, das ganz alleine in der Gegenwart existiert und seine Stellung tagtäglich behaupten muß. Insofern hat sich Hedda Adlon um dieses Stück Hotelgeschichte verdient gemacht, schon deshalb, weil sie sie vor dem Vergessen bewahrt hat. Auch wenn bei ihr – wie schon erwähnt – Dichtung und Wahrheit manchmal ineinanderfließen. Sie hat Geschichten zusammengetragen, nie wollte sie Geschichte schreiben, und der Erfolg ihres Buches beim Publikum hat ihr Recht gegeben. Wie aber geht man Jahrzehnte später mit der Geschichte des »Adlon« um? Man kann nur vorhandene Fakten sammeln und Menschen suchen, die darüber noch berichten können. Darum haben wir uns bemüht, haben die wenigen alten, noch erhaltenen Akten gewälzt und Zeitzeugen gesucht, die sich trotz ihres meist hohen Alters noch an das »Adlon« erinnern. Besonders sie sollen hier zu Wort kommen, die letzten Augenzeugen einer längst vergangenen Epoche. Für die meisten von ihnen hat sich ihre Zeit im »Adlon« fest in ihrem Gedächtnis eingegraben. Es ist ein Stück ihres Lebens, das sie in all den Jahrzehnten nach Kriegsende für sich bewahrt haben und das mit dem Wiedererstehen des »Adlon« plötzlich wieder für viele interessant wird.

Der Küchenchef beim Vorkosten, 1925

Die »goldenen« zwanziger Jahre

Ein Freund aus der Nachbarschaft hatte Alfred Bischof, geboren 1911, auf die Idee gebracht, sich im »Adlon« als Page zu bewerben.

»Der hatte damals schon ein Rennrad, was etwas ganz Außergewöhnliches war, und zeigte mir mal eine Dollarnote. Das muß 1922/23 gewesen sein. Kurz, der hatte die Taschen voll Geld und erzählte mir, er sei im ›Adlon‹ Page. Da hat sich bei mir der Gedanke festgesetzt, das möchte ich auch mal werden.«

Die Eltern waren erst dagegen, ließen ihn Tischler lernen, aber über kurz oder lang setzte der Junge seinen Wunsch durch. Er wollte eben Page werden. Daß er dann im »Adlon« anfing, war mehr oder minder Zufall. Es hätte auch eines der anderen großen Berliner Hotels sein können. Zusammen mit seinem Vater fuhr er zum Vorstellungsgespräch und durfte gleich dableiben. 15 Jahre war er damals.

»Das ging alles ganz schnell. Ich wollte erst noch einmal nach Hause fahren. ›Nein‹, hieß es, ›gehen Sie gleich nach oben und lassen sich einkleiden.‹ Und schon stand ich als Page an der Tür. Aus Paris traf der Nord-Expreß ein, der über Warschau nach Moskau fuhr. Mit ihm kamen viele Amerikaner. Es gab immer ein großes Tohuwabohu, wenn die lange Schlange der Taxen vom

Josephine Baker, 1926

Ernst Lubitsch, o. J.

Bahnhof mit den Gästen das Hotel erreichten – und da gab es für gewöhnlich reichlich Trinkgeld. Als ich nach meinem ersten Tag nach Hause kam, wir waren fünf Brüder und eine Schwester, wurde ich gleich gefragt: ›Was hast'n gegessen?‹ Ich sage nichts, hat nichts gegeben. ›Was hast'n an Trinkgeld gehabt?‹ Nichts. ›Na, da gehste nicht mehr hin.‹«

Alfred Bischof ging doch wieder hin. Aber einige Male wäre er auch fast gegangen worden, wie er sich heute mit Schmunzeln erinnert.

»Der Direktor war damals ein gewisser Ebert, der immer hüstelnd durchs Hotel lief. Viermal hat er mich rausgeschmissen, weil ich als Page die Haupttreppe raufgerannt bin statt den Botenaufgang zu benutzen. Und jedesmal, wenn er mich erwischte, hieß es: ›Du Lausejunge, du bist entlassen‹. Dann bin ich zum Empfangschef gegangen, und der hat alles wieder gerade gebogen. Als ich nachher Oberpage war, habe ich solche Scherze natürlich nicht mehr gemacht.«

In dieser Funktion war er Chef von 50 Pagen, schrieb die Dienstpläne, war für die Ausbildung verantwortlich und mußte zweimal täglich für die Früh- und für die Spätschicht die Parade der Pagen abnehmen.

»Morgens um sieben oder nachmittags um vier hat der Oberpage sich die Fingernägel zeigen lassen, hat den Schuhputz kontrolliert und die Kragen angeschaut. Wir konnten jeden Morgen frische Kragen abholen. Im 5. Stock gab es eine eigene Hotelwäscherei.« 1926 zahlte Adlon einem Pagen 8 Mark die Woche. »Als Oberpage konnte ich mir immer die Kommissionen, die besten Besorgungen, beispielsweise Apothekengänge, sichern. 10% Provision wurde mir sofort ausgezahlt. Gleiches galt für das Blumengeschäft Rothe, das sich im Hotel befand. Schon damals konnte man dort Orchideen kaufen; Blumen, die mir bis dato völlig unbekannt waren. Nach ihnen wurde gerne gefragt, insbesondere von den Impresarios aus Amerika, die hier bei uns die besten Schauspieler für ihre Projekte engagieren wollten.«

Edgar Wallace, o. J.

Alfred Bischof hat während dieser Jahre vielen Berühmtheiten im »Adlon« als Oberpage gedient, darunter Josephine Baker, Hans Albers und Ernst Lubitsch. Auch Edgar Wallace war Gast des Hauses. »Einige seiner Bücher hat er mir signiert; leider sind sie im Krieg verlorengegangen.«

Von Hedda und Louis Adlon wußte man, daß sie gerne ins Theater gingen. Aber was heißt »gingen« – sie »fuhren« vor. Und oftmals war auch Alfred Bischof dabei. Auf dem Weg dorthin saß er vorne neben dem Fahrer, einen roten Teppich an seiner Seite.

»Diesen Teppich mußte ich zwischen Auto und Portal auslegen. Das Ehepaar Adlon, zumeist in Begleitung eines weiteren Ehepaares, stieg dann feierlich die Treppen zum Theater hinauf. Zu meinen Aufgaben gehörte es auch, den Paaren die Türen zu öffnen. An solchen Abenden bekam ich immer fünf oder zehn Mark Trinkgeld – ein gern gesehener zusätzlicher Verdienst. Hatten die Adlons eine eigene Loge, durfte ich mit hinein und den Aufführungen beiwohnen. So kam ich das erste Mal überhaupt ins Theater. Unter anderem sah ich im großen Schauspielhaus an der Weidendammer Brücke eine Aufführung von ›Mikado‹, an der Fritzi Massary mitwirkte. Ich war so begeistert, daß ich am liebsten gleich selber Schauspieler geworden wäre.«

Von seinem Chef, Louis Adlon, spricht Alfred Bischof noch heute mit großem Respekt. »Er war ein wunderbarer Mensch. Wenn er durch die Hotelhalle ging, verstummte das Personal völlig. Und es wurde auch nicht von Herrn Adlon gesprochen, er war der Patron.«

Louis Adlon war – wie alle Berliner Hoteliers – ein Vertreter konservativer, kaiserlicher Gesinnung. In einem gemeinsamen Entschluß aller Berliner Hotelbesitzer weigerten sich diese am 11. August 1927, dem Verfassungstag, die schwarz-rot-goldene Fahne der Republik auszuhängen.

Hedda und Louis Adlon posieren vor ihrem Mercedes, 1924

Sie meinten, daß sie sich als Vertreter der Wirtschaft politisch neutral zu verhalten und sich in den sogenannten Flaggenstreit der Republik nicht einzumischen hätten. Hintergrund dafür war, daß konservative Kreise, die die parlamentarische Demokratie ablehnten, die Farben der Republik als »schwarz-rot-mostrich« verächtlich machten. Sie hißten statt dessen lieber die Handelsflagge des Deutschen Reiches, die die Farben »schwarz-weiß-rot«, also die alten Reichsfarben, zeigte. Das führte zu Peinlichkeiten größten Ausmaßes, die aber durchaus gewollt waren. Als im August 1927 der New Yorker Oberbürgermeister Berlin besuchte, kam es zum Eklat, denn weder das Hotel »Adlon« – wo der Bürgermeister wohnte – noch das Hotel »Kaiserhof« – wo für den Gast ein Empfang gegeben wurde – waren bereit, neben dem Sternenbanner die Fahne der Republik zu hissen. Berlins Oberbürgermeister – als Repräsentant der Stadt und Gastgeber – mußte daraufhin den Veranstaltungen demonstrativ fernbleiben. Ein Skandal, der es der jungen Republik nicht gerade erleichterte, Fuß zu fassen.

Das »Adlon« selbst verdankte in jenen Jahren seinem Erscheinungsbild, das die angeblich so gute, alte Kaiserzeit zu konservieren schien, einen Teil seines wirtschaftlichen Erfolges. Gerade ausländische Gäste zog es deswegen an.

Auch das Auswärtige Amt logierte seine Gäste sehr gerne in dieses Hotel ein, da es kein eigenes Gästehaus für Staatsgäste gab. Und da war das »Adlon« der bevorzugte Ort, auch wegen seiner überaus günstigen Lage in Nähe des Auswärtigen Amtes in der Wilhelmstraße Nr. 74-76. Die Gebäude des Auswärtigen Amtes waren zwar repräsentativ für Verhandlungen, aber nicht ausreichend ausgestattet für Empfänge, Essen und dergleichen Dinge, die zu Besuchsprogrammen nun einmal gehörten. Hier bot sich das Hotel in geradezu idealer Weise an und wurde deshalb gerne genutzt.

Richard Tauber, o. J.

Paul Hetzer, ein weiterer Zeitzeuge, war Mitte der zwanziger Jahre Patron-Page, d. h. der persönliche Page der Adlons, bevor er seine Ausbildung in den verschiedenen Abteilungen des Hotels fortsetzte.

»In dieser Zeit arbeitete ich auch für den Chefportier, der quasi ein eigenes Unternehmen führte. Acht eigene bzw. gepachtete Taxen standen vor der Tür, die die Gäste durch die Stadt fuhren. Zu meinen Aufgaben gehörte es, Stadtrundfahrten zu vermitteln, Dolmetscher zu engagieren oder Gäste-Garderobe in die Reinigung zu bringen. Ein Besuch des Maharadscha von Patiala, der eine ganze Etage für sich und seine Begleitung, darunter Lieblingsfrauen, Diener und Köche, gemietet hatte, verursachte großen Wirbel. Zwei seiner Dienerinnen kamen eines Tages zu mir und hatten die Arme voller Kleider, die gereinigt werden sollten. Kurz nachdem ich die Sachen weggegeben hatte, stand der damals stadtbekannte Kommissar Trettin von der Berliner Kripo vor mir. An den Kleidern befanden sich jede Menge echter Edelsteine, die ich fälschlicherweise für Glasbuckern gehalten hatte. Sie mußten selbstverständlich alle abgetrennt und später, nach der Reinigung, von den Dienerinnen wieder angenäht werden.«

Wie Alfred Bischof, so erhielt auch Paul Hetzer für solche Botengänge Provisionen; 10 Prozent waren durchaus üblich. Auch Pagen konnten sich auf diese Weise ihr Gehalt gründlich aufbessern. Manche Gäste waren besonders generös und daher bei den Bediensteten sehr beliebt.

»Gleich zu Beginn meiner Tätigkeit im ›Adlon‹«, so Paul Hetzer, »durfte ich einem Vertreter des amerikanischen Woolworth-Konzerns regelmäßig die an ihn gerichteten Telegramme auf sein Zimmer bringen. Für jedes überbrachte Telegramm erhielt ich fünf Mark. Kamen mit einer Sendung gleich mehrere, brachte ich sie zunächst zusammen nach oben, bis mir ein Kollege erklärte, es gäbe für jedes Telegramm ein Trinkgeld dieser Höhe. Von da ab bekam auch Mr. Strongman die für ihn bestimmten Botschaften jeweils einzeln von mir – und meine Einnahmen stiegen dementsprechend.«

Zwischen November 1927 und Oktober 1930 absolvierte Paul Hetzer eine Ausbildung als Kellner, nachdem er einen gemeinsamen Aufenthalt mit dem Ehepaar Adlon in Indien auf Drängen seiner Mutter abgelehnt hatte. »Das kommt nicht in Frage. In ein Land, wo es Tiger und Affen gibt, schicke ich dich nicht!« Statt dessen durchlief Paul Hetzer die verschiedenen Stationen, die ein Kellnerlehrling kennenzulernen hatte. Er begann im Kuriersaal, wo das Personal der Gäste zu essen pflegte. Später wurde er ins Restaurant versetzt und bediente am Buffet, wo es die Hors d'œuvre gab. »Meine Kollegen und ich, wir waren so gut ausgebildet, wir haben sogar am Tisch mit Handschuhen Sprotten filetiert.« Natürlich mußten die Lehrlinge sich auch mit den Abläufen in der Küche vertraut machen. »Glücklicherweise hatte ich schon auf der Schule Englisch und Französisch gelernt, Wissen, das ich im ›Adlon‹ gut gebrauchen konnte. In der Küche wurde nur Französisch gesprochen, und ich mußte das gesamte Fachvokabular beherrschen. Hinter den Herden, die insgesamt eine Länge von 20 Metern einnahmen, standen der Saucier, der Entremetier, der Poissonier – und vorne die Annonceuse. Alle waren auf ihren Posten und nahmen die Aufträge entgegen. Der Küchenchef beobachtete die Vorgänge ganz genau; er sah auf vier Meter, wenn eine Sauce nicht schmeckte. Er war ein wahrer Könner, der zuvor schon am Hof des Zaren in Moskau gearbeitet hatte.«

Galaessen und ausgiebige Soupés waren im »Adlon« nichts Außergewöhnliches. Schließlich bot das Haus einen imposanten Rahmen für derlei Festivitäten. Für uns allerdings kaum mehr vorstellbar ist die Länge solcher Feiern, die damals zumeist im Kaisersaal stattfanden. »Es gab Soupés mit 74 Gängen; Essensdauer 10 Stunden! Es wurden verschiedene Suppen und Zwischengänge, Wild und Geflügel, Fisch und Fleisch serviert. Als Patron-Page war es meine Aufgabe, für Zigarren, Zigaretten und Liköre zu sorgen. Fand beispielsweise eine Hochzeit statt, bekam ich die Anweisung, für 3000 Mark Zigarren und für mehrere tausend Mark Liköre bereitzuhalten. Wenn ich meinen Tisch mit den Zigarren aufbaute – Henry Clay, Stück sechs Mark – kamen die alten Herren oft schon vor dem Essen und verstanden es auf geschickte Art und Weise, die eine oder andere Zigarre mitgehen zu lassen. Sie ließen ihre Servietten fallen, und während ich diese aufhob, hatten sie sich schon heimlich mit ihren Zigarren versorgt.«

Ähnlich wie Alfred Bischof hat auch Paul Hetzer prominente Gäste im »Adlon« angetroffen: den berühmten Sänger Richard Tauber und den amerikanischen Industriellen Rockefeller, den Schriftsteller Gerhart Hauptmann und den Bankier Franz Oppenheimer. Über manch eine der Begebenheiten muß der damalige Angestellte auch heute noch schmunzeln. »Rockefeller habe ich beim Frühstück im Restaurant erlebt, zusammen mit seinem Arzt, seinem Anwalt, zwei Sekretärinnen und einem Mitarbeiter der Börse. Als er sich eine Scheibe Toast nehmen wollte, hielt ihn sein Arzt davon ab. Dieser schrieb ihm genau vor, was er essen durfte. Mein erster Gedanke war: ›Nur gut, daß du keine Millionen hast. Der darf ja nicht mal essen, was er will.‹ Etwas ähnlich Kurioses erlebte ich mit Oppenheimer, einem Mann mit einem Millionenvermögen. Er hielt mich eines Tages für mehr als eine Stunde auf, um mit ihm zusammen auszurechnen, ob eine Fahrt nach Frankfurt/Main mit Wagen und Chauffeur oder mit dem Schlafwagen günstiger sei.«

Trauerzug für den verstorbenen Reichsaußenminister Gustav Stresemann auf dem Pariser Platz, rechts im Hintergrund das Hotel »Adlon«, 1929

Paul Hetzer hat die vier Jahre, die er insgesamt im »Adlon« gearbeitet hat, als etwas ganz Besonderes erlebt. Obwohl die Zeiten in Deutschland politisch sehr bewegt waren, blieb die elegante Atmosphäre dieses berühmten Hotels davon nahezu unberührt. Wie gut der Ruf des Hauses als Ausbildungsbetrieb war, hat er später öfter merken können. Bei Bewerbungen öffnete ihm das Lehrzeugnis des »Adlon« so manche Tür.

Auch Hans Dietzel, Kellner im Nobel-Hotel, schwärmt noch heute von der eleganten Atmosphäre, die das »Adlon« umgab. »Innen die vielen Teppiche, Palmen und der prächtige Marmor; alle waren stets nett und höflich. Wenn man herauskam, schaute man auf die alten Linden und sah die Kutscher mit ihren Wagen und den Pferden davor. Auf dem Mittelstreifen standen die zusammenklappbaren Aschinger-Stühle, die jeder für 10 Pfennige mieten konnte. Vor allem erinnere ich mich auch an die Spaziergänger – wie in der damaligen Zeit noch üblich, trugen jede Frau und jeder Mann einen Hut; ›er‹ selbstverständlich immer mit Schlips und Kragen, die Schuhe passend zur Farbe des Anzugs, über dem Arm einen Staubmantel. Die Engländer hatten zusätzlich stets einen Regenschirm bei sich. Vor dem Brandenburger Tor zog die Wache auf, und am Springbrunnen auf dem Pariser Platz standen die Taxen und wurden vom Wagenmeister abgepfiffen, wenn ein Gast aus dem ›Adlon‹ kam.«

Die Südseite des Pariser Platzes mit dem Hotel »Adlon« und der Akademie der Künste, um 1930

Viele, viele Unbekannte, Namenlose haben im Laufe der 38 Jahre, in denen das »Adlon« erstes Haus am Platze war, als Pagen, Kellner, Köche oder Portiers gearbeitet. Prominent – vielleicht abgesehen von den Adlons selbst – war wohl keiner von ihnen. Prominent waren manche Gäste, und so sollte es in einem Luxushotel ja auch sein. Einer aber hat seine Karriere im »Adlon« begonnen, ist sogar gescheitert und machte seinen Weg erst Jahre später in einem ganz anderen Metier. Er wurde nach dem Zweiten Weltkrieg einer der Pioniere der westdeutschen Fernsehunterhaltung – Peter Frankenfeld. Viel Freude scheint er seinen Eltern in jungen Jahren nicht gemacht zu haben, denn obwohl der Mechanikermeister Frankenfeld seinem Sohn den Besuch des Gymnasiums ermöglichte, zog es der Eleve in der Sekunda vor, aus dem Alltagstrott auszubrechen und sich einem Wanderzirkus anzuschließen. Sein Vater holte ihn zurück und steckte ihn in eine Malerlehre – auch das war nichts. Also beschloß seine Mutter, anscheinend eine wirklich patente Frau, die großen Berliner Hotels abzuklappern, um dem Jungen eine Pagenstelle zu besorgen. Peter Frankenfeld trug schließlich die blaue Pagenjacke des »Adlon«. Wie lange, ist nicht überliefert, aber das Ende seines Engagements hat er auf seine unnachahmliche Weise beschrieben. Es war Anfang der dreißiger Jahre, und Reichspräsident Hindenburg hatte sich zu einem Diner angesagt.

Peter Frankenfeld, 1960

»Ich war eingeteilt worden, in seiner Nähe zu bleiben. Wir waren insgesamt fünf Pagen. Das Diner war für 20 Personen bestimmt; die unbeschäftigten Pagen eine exquisite Aufmerksamkeit des Herrn Oberkellners für den Reichspräsidenten, den der Anblick der Jugendlichen beleben sollte. Auf diese Weise wollte man den Sieger von Tannenberg ehren, der einstmals als junger Mann Kadett gewesen war. Ich entzog mich diesem Anblick, und daran war die Eisbombe schuld.«

Peter Frankenfeld konnte der Versuchung nicht widerstehen, als er die fünf Eisbomben unbewacht in einem Nebenraum stehen sah: fünf Bomben glacée diplomate, das exquisite Dessert für Hindenburg und seine Gäste. Schnell war ein Löffel zur Hand und an einer der Bomben eine unauffällige Stelle gefunden – dachte er. Gerade wollte er den Löffel zum Mund führen, da passierte, was passieren mußte. Der Oberkellner hatte ihn erwischt.

»Die rechte Hand packte die Bombe, die andere Hand, die linke, packte mich. ›Vorwärts!‹, zischte der Herr Oberkellner. … Ich erhielt einen Stoß und stolperte in den ersten Raum links, in dem sich ein Tisch und ein Spiegel befand, jedoch keine Stühle. … Der Oberkellner knallte den Teller mit der Eisbombe auf den Tisch. Ich drehte mich um: Die Kommis guckten und grinsten. Der Herr Oberkellner sagte: ›Guten Appetit‹. … ›Und daß du nicht denkst, du mußt dich zurückhalten – die ganze Bombe ißt du auf, kapiert?‹ Ich nickte.

Die Tür fiel ins Schloß. Der Herr Oberkellner drehte den Schlüssel um und zog ihn ab. … Die Vernichtung schritt langsam voran. Der Herr Oberkellner ermunterte mich nach zehn Minuten, nach zwanzig, nach dreißig. Nach vierzig Minuten hatte ich die Bombe und die Bombe mich geschafft.« (P. S. So wurde im 20. Jahrhundert, dem Jahrhundert des Kindes, einem Kind die Freude an Eisbomben vergällt.)

Auch Peter Frankenfelds zweiter Anlauf, im Hotelgewerbe Fuß zu fassen, diesmal im »Esplanade«, endete vorzeitig. Seine Frau, Lonny Kellner, bemerkte dazu: »Die Hotellerie hat es mit Menschen ausgefallenster Art zu tun, sie kann nicht auch noch Angestellte derselben Art verkraften – die Hotelkarriere des Pagen Peter Frankenfeld endete noch im Pagendreß. Es war 1930.«

Auch eine andere Karriere, die allerdings später weniger prominent verlief, endete 1931 im »Adlon« abrupt. Dabei fing für Heinz Maier alles so gut an. 16 Jahre war er alt, als er 1930 ohne Abschluß die Schule schmiß und sich in das Heer der Arbeitslosen einreihte. Denn das Jahr zuvor,

Thomas Mann machte auf der Durchreise nach Stockholm zur Verleihung des Literaturnobelpreises Station im Hotel »Adlon«, 1929

1929, war das Jahr des großen Börsenkrachs von New York, der die Weltwirtschaft in den Strudel riß. Arbeitslosigkeit und Elend gab es nicht nur in den USA, auch Europa hatte es schwer getroffen. Heinz Maier lebte damals mit seiner Mutter, einer Kriegerwitwe, in einer Laube auf dem Gelände einer Kleingartenkolonie.

»Und so bin ich am 4. September 1930 vom Wedding bis Unter den Linden gelaufen. 10 Pfennig hat damals die Fahrt mit der Straßenbahn gekostet, das war zuviel. Als ich das ›Adlon‹ zum ersten Mal betrat, kam ich aus dem Staunen nicht mehr heraus. All der Marmor und das Messing und vor allen Dingen, die Ruhe! Ich habe regungslos dort gestanden, bis mich der Empfangschef schließlich ansprach. Der sah ja gleich, was ich wollte, und ich hatte Glück. Als neuer Mitarbeiter, Page Nr. 16, wurde ich eingekleidet. Wir trugen weiße Handschuhe, um den Hals den sogenannten Vatermörder, ein Stehkragen, dazu die Mütze mit dem steifen Schirm und der Aufschrift ›Hotel Adlon‹. Die Hosen waren schwarz mit einer dünnen roten Biese, und das Jackett war blaugrau. Rechts und links waren Spiegel aufgenäht mit dem Emblem vom ›Adlon‹. Mein Anfangsgehalt betrug 10 Mark in der Woche. Das mit den Trinkgeldern bekam ich erst später raus. Der Oberpage hat mir in der Halle einen Pfeiler zugewiesen, und da stand ich, bis jemand rief. Ich habe da gestanden wie doof, und nichts passierte.«

Tanztee im Hotel »Adlon«, Aufnahme aus den dreißiger Jahren

Aber Heinz Maier nutzte die Zeit und beobachtete das Geschehen in der Halle. Bald fiel ihm auf, daß jeden Nachmittag zur gleichen Zeit eine ältere Dame zum Tee erschien und bei der Kapelle immer ein besonderes Lied bestellte. Und bald war es der neue Page, der von der Dame, einer Gräfin, wie sich herausstellte, den Auftrag erhielt, dem Kapellmeister ein Kuvert zuzustecken.

»Dann spielte er die Toselli-Serenade, und ich bekam von ihr eine Mark Trinkgeld, beides – die Serenade und das Geld – werde ich nie vergessen. Von da ab hielt ich mich jeden Nachmittag in ihrer Nähe auf, um meinen Auftrag nicht zu verpassen.«

Manch weiblicher Gast kam nicht nur zum Teetrinken ins »Adlon«. Man wollte tanzen. Dazu hielten sich immer eine Anzahl sogenannter Eintänzer bereit, auch Gigolos genannt. Da man als Dame die Herren unmöglich ansprechen konnte, übernahm dies der Page.

»Die Damen, die uns riefen, steckten uns Geld zu und zeigten uns den Herrn, der zu ihnen kommen sollte. Diese Eintänzer, zumeist gescheiterte Offiziere, mußten nun, ob sie wollten oder nicht. Manch einer von ihnen hat von diesem Arrangement gut gelebt; ein Herr konnte sich von dem dort verdienten Geld sogar ein Auto finanzieren.«

Wenn Heinz Maier Tagschicht hatte, begann sein Dienst morgens um 8 Uhr mit einer Inspektion durch den Empfangschef. Fingernägel, Kragen, Schuhe, alles mußte tipptopp sein, wie man damals sagte. Besonders lukrativ war der Dienst in der Halle, erinnert er sich, wenn von Hamburg oder Bremerhaven die Passagiere eines Luxusliners im »Adlon« eintrafen.

»Wir kannten die Fahrpläne und wußten genau, wann die Passagiere der Bremen, der Columbus oder Europa mit Sonderzügen in Berlin-Friedrichstraße ankamen. Von da aus war es mit dem Taxi nur noch ein kurzer Weg zu uns, und wir Pagen warteten bereits. Denn bei den ersten Handreichungen fiel das Trinkgeld meist großzügig aus. Wer Engländer, wer Franzose war, das bekam man mit der Zeit raus. Besonders großzügig waren jedoch die Amerikaner. Da waren wir Pagen immer auf Zack. Eines Tages führte ich einen Amerikaner auf sein Zimmer. Ein bißchen Englisch hatte ich im ›Adlon‹ schon mitbekommen, und so konnte ich den Gast in seiner Sprache fragen, ob ihm das Zimmer gefiele. Er war zufrieden, und als ich gehen wollte, hörte ich ihn rufen: ›Beer!‹ Statt dem Zimmerkellner Bescheid zu geben, ging ich zum Ausschank fürs Personal und holte dort einen Krug Bier, der damals 20 Pfennige kostete. Es schmeckte dem Amerikaner so gut, daß er es auf einen Zug austrank. Wie aber sollte ich ihm erklären, daß ich mit meinem eigenen Geld dafür bezahlt hatte? So gut war mein Englisch nun wirklich nicht. Der Gast warf schließlich etliche Banknoten aufs Bett und bedeutete mir, zu nehmen, was mir zustünde. Auf einem Schein sah ich eine 20 und steckte ihn ein. Und da kein Protest seitens des Amerikaners kam, verließ ich sein Zimmer. Als ich mit einem Kollegen darüber sprach und ihm den Schein zeigte, wurde mir erst klar, was passiert war: Statt 20 Pfennigen hatte ich 20 Dollar kassiert! Als ich später versuchte, dem Gast meinen Irrtum zu erklären, sagte dieser: ›For you!‹ Damit war die Sache für ihn erledigt.«

Charlie Chaplin, um 1927

Ähnlich wie seine Kollegen hat auch Heinz Maier prominente Gäste im »Adlon« betreut, darunter den Schriftsteller Sinclair Lewis und vor allem den berühmten Charlie Chaplin. »Als er das ›Adlon‹ besuchte, lief im Kino gerade sein erfolgreicher Film ›Goldrausch‹; die berühmte Szene, in der er die Schnürsenkel ißt, ist vielen daraus bekannt. Ich mußte erst dreimal hinschauen, um mich zu vergewissern, daß er es wirklich war. Er sah doch ganz anders aus und ist natürlich auch nicht so gelaufen wie in seinen Filmen. Aber großzügig, das war er!«

Irgendwann kam der Tag, an dem Heinz Maier zum Patron-Page aufstieg und somit für das Ehepaar Adlon zuständig war. Eine Aufgabe, die ihm erst gar nicht so recht war, mußte doch in dieser Zeit die Jagd nach dem Trinkgeld ruhen. Und was vielleicht noch viel schlimmer war, er mußte die Pekinesen von Hedda Adlon Unter den Linden ausführen – an jeder Hand eine Leine mit zwei Hunden, ein gutes Motiv für alle Fotografen.

Als Patron-Page begleitete Heinz Maier die Adlons auch am Wochenende in ihr Landhaus bei Potsdam, in dem viele Gesellschaften gegeben wurden. Das Haus lag direkt am Wasser, und es gab zusätzlich einen kleinen Hafen mit Booten. Die Gäste, darunter viele Offiziere, genossen die Feste sehr. Für die Pagen war es zumeist ziemlich langweilig, »den Damen ihren Pelz zu holen, wenn es kühl wurde, mehr gab es selten zu tun, und viel Trinkgeld warf das nicht gerade ab!«.

Alles lief glatt in der Pagenkarriere des Heinz Maier bis zu jenem 24. Mai 1931. Wäre er an diesem Tage mit den Adlons im Landhaus gewesen, der Tag wäre spurlos an ihm vorbeigegangen, aber so wird er ihn nie vergessen: seinen letzten Tag im »Adlon«.

»Es war Pfingsten. Werner Arndt, ein anderer Page und guter Freund von mir, wir beide hatten Dienst. Es gab wenig zu tun, denn das Hotel war bei weitem nicht ausgebucht. Auch das Fürstenzimmer stand leer, und Werner kam auf die Idee, ein wirklich schönes Bad zu nehmen, in einer eleganten Wanne. Erst wollte ich nicht, aber dann habe ich mich doch breitschlagen lassen. Alles war vom Feinsten. Wir haben rumgeplätschert, uns gegenseitig bespritzt und unseren Spaß gehabt. Bis dann plötzlich die Tür aufging und wir beide, nackt, wie wir waren, unserem Hoteldirektor gegenüberstanden.«

Kurz darauf fanden sich beide Pagen im wahrsten Sinne des Wortes auf der Straße wieder, am Personaleingang Wilhelmstraße: fristlos entlassen. Sogar ihr Zeugnis hielten beide schon in Händen.

»Und det Muttern beibringen. Lange habe ich mich nicht getraut. Den halben Sommer haben mein Freund und ich saure Gurken im Strandbad Tegel verkauft, damit Mutter am Monatsende nichts merkt. Später habe ich mich dann gefragt, warum ich nicht einfach bei Herrn Adlon vorbeigegangen bin, um alles geradezurücken. Der hätte mich bestimmt wieder genommen. Aber um nachzufragen, dazu war man damals zu jung und zu unerfahren. Viele andere Pagen haben eine Kellner-Lehre im ›Adlon‹ begonnen. Aber das war nun die Quittung für meine Dummheit. Es war eben Schluß mit dem ›Adlon‹, das hängt mir heute noch nach.«

Heinz Maier ist inzwischen seit über 20 Jahren pensioniert. Am Ende des Berufslebens war er übrigens für viele Jahre noch einmal im »Beherbergungsgewerbe« tätig. Nur die »Gäste« blieben dort nicht freiwillig, und an Trinkgeld war schon gar nicht zu denken für den Beamten im Tegeler Gefängnis.

Louis Adlon – alleiniger Besitzer des Hotels

1931, als Heinz Maier seinen Pagenjob im »Adlon« verlor, war auch für den »Patron« Louis Adlon ein besonderes Jahr. Zehn Jahre zuvor hatte er das Haus von seinem Vater geerbt. Aber er war nicht der alleinige Besitzer. Im Grundbuch waren der »Kaufmann Louis Adlon und die verwitwete Frau Anna Förster geb. Adlon in ungeteilter Erbengemeinschaft« eingetragen. Ob nun Louis Adlon alleiniger Besitzer sein wollte oder ob seine Schwester ausbezahlt werden wollte, läßt sich heute nicht mehr nachvollziehen. Rekonstruieren läßt sich nur, daß Louis Adlon auf »Grund eines Erbschaftsvertrages vom 4./5. September 1931« alleiniger Herr im eigenen Hause wurde. Für diesen

Zweck nahm er eine Hypothek auf. Frühere Belastungen und Verbindlichkeiten waren abbezahlt, und die Geschäfte schienen günstig zu verlaufen, so daß dieser Schritt möglich war. Anna Förster hatte geheiratet und lebte als Frau Kelen mittlerweile in der Schweiz, und so war es folgerichtig, diesen Kredit bei der Eidgenössischen Bank aufzunehmen; 5 200 000 RM, die jährlich zu 7,5 Prozent zu verzinsen waren.

Billy Wilder, 1958

Die Einnahmen des Hotels waren derartig gestiegen, daß Louis Adlon den Abzug des Kapitals »leichten Herzens« verschmerzen konnte. Die gestiegenen Hotelpreise, die erweiterte Auslastung sowie die Einnahmen aus der Weinhandlung ließen das Unternehmen fast schuldenfrei werden, und die notwendigen Mittel für Modernisierungen, Umbau und Renovierungen konnten aus dem laufenden Geschäftsaufkommen entnommen werden. Es waren vielleicht die sorglosesten Jahre im Leben des Hoteliers. Daß der Kredit zur Auszahlung seiner Schwester sich später einmal als Anfang vom Ende des wirtschaftlichen Erfolgs des »Adlon« erweisen sollte, dürfte er nicht einmal geahnt haben. Das Haus stand im Zenit seiner Zeit. Der Griebensreiseführer von 1928 verzeichnete das »Adlon« als Hotel allerersten Ranges mit 450 Hotelbetten; 128 mehr als bei der Eröffnung im Jahre 1907. Die niedrigste Preiskategorie wird mit 12 bis 16 Reichsmark angegeben. Kiesslings Reiseführer (vorm. Baedeker) vermerkte im »Adlon« das vornehmste Weinrestaurant.

Zwischen 1,5 und 1,7 Millionen Gäste kamen zwischen 1925 und 1930 pro Jahr nach Berlin, und von diesem großen »Kuchen« des gesteigerten Fremdenverkehrs konnte sich das »Adlon« entscheidende »Scheiben abschneiden«. Die höchsten Belegungszahlen der Hotels lagen alljährlich im Juli und August und waren auf Touristen aus Übersee, insbesondere aus den USA, zurückzuführen. Im Oktober und November folgten die Messen, Kongresse und Ausstellungen, die als stabile Größe die Berliner Hotels und mit ihnen das »Adlon« füllten.

Einige der Gäste aus Übersee waren auch im Deutschland der zwanziger Jahre so bekannt, daß sich die Reporter der Berliner Tageszeitungen um ein Interview rissen. Einer von ihnen war Billie Wilder und sollte viele Jahre später als Billy Wilder in Hollywood Karriere machen. Mit Stars wie Marlene Dietrich, Tony Curtis, Jack Lemmon, Walther Matthau und nicht zuletzt Marilyn Monroe hat er gedreht. Aber 1927 in Berlin, da war er noch ein Nobody:

Cornelius Vanderbilt jr., 1903

Albert Einstein, 1929

»Ich habe unter anderem Jackie Coogan, den einst niedlichen Kleinen als Chaplins KID, den Hollywood-Star Adolphe Menjou und eines Tages auch Cornelius Vanderbilt jr. interviewt. Vanderbilt war im Hotel ›Adlon‹ abgestiegen, und ich stellte ihm als erstes die Frage, wieviel Geld er denn im Moment in der Tasche habe. Natürlich hatte er keinen Pfennig bei sich; jemand, der Vanderbilt heißt, braucht kein Geld mehr bei sich zu tragen. Während des weiteren Interviews spazierten wir Unter den Linden entlang, bogen in die Friedrichstraße ein und landeten bei Aschinger. Vanderbilt aß drei Buletten und trank vier Bier – und ich mußte für ihn bezahlen.«

Zu den berühmten Gästen des Hotel »Adlon« zählte auch das später umjubelte Wunderkind, das am 12. April 1929 – kurz vor seinem dreizehnten Geburtstag – die Herzen der Berliner Musikfreunde im Sturm erobern sollte: der Geiger Yehudi Menuhin. Aus dem Wunderkind von einst ist einer der größten Musiker dieses Jahrhunderts geworden, der sich darüber hinaus mit seinem humanitären Engagement in aller Welt einen Namen gemacht hat. Königin Elisabeth erhob ihn in den Adelsstand.

»Berlin war damals«, erinnert er sich, »die musikalische Hauptstadt der zivilisierten Welt. Sein Prestige gründete sich auf seine Musiktradition, es hatte großartige Orchester und Dirigenten und vor allen Dingen das kritischste Publikum, das sich denken läßt.«

Yehudi Menuhin, 1927

Und diesem Publikum wollte er sich stellen. Zusammen mit Eltern und Schwestern war er einige Tage zuvor in der Stadt angekommen, wohnte jedoch nicht im »Adlon«. »Meine Eltern zogen es vor, mit uns in der Pension am Steinplatz zu übernachten. Nicht nur, weil es billiger war, sie wollten auch eine familiäre Atmosphäre für uns Kinder haben. Wir waren nie in sogenannten Luxushotels. Aber wir gingen jeden Tag zu Fuß durch den Tiergarten, um im Hotel ›Adlon‹ zu Mittag zu essen. Dort wohnte mein lieber Gönner Henry Goldman, der mir drei Monate zuvor meine erste Stradivari geschenkt hatte. Er und seine Frau Babette waren mitgereist, weil sie bei meinem Debüt in Berlin dabeisein wollten.«

Das »Adlon« hat den Jungen sehr beeindruckt. Schließlich war es das erste Luxushotel, das er je betrat.

»Jeden Mittag sind wir zum ›Adlon‹ gepilgert und haben eine Atmosphäre erlebt, die wir vorher nicht kannten. Das Hotel ist mir gut in Erinnerung geblieben: am Anfang der ›Linden‹, beim Brandenburger Tor.«

Allzu steif sei es im Hotel selbst nicht zugegangen, erinnert sich Lord Menuhin, »obwohl die alten Traditionen noch üblich waren. Man sagte ›Mahlzeit‹, bevor man sich zu Tisch setzte, und verbeugte sich tief zu seinen beiden Tischnachbarn. Nicht ganz so tief wie die Japaner, aber doch sehr formell. Nach dem Essen dann das gleiche. Das war für mich sehr beeindruckend, denn so etwas hatte ich vorher nie gesehen. Mittlerweile hat man diesen Brauch, glaube ich, auch in Deutschland vergessen. Besonders beim Schnellimbiß kann ich mir das nicht vorstellen. Auch die Küche war viel besser als in der Pension am Steinplatz. Dort gab es sogar Silberbesteck, das gekennzeichnet war mit einem Stempel ›Gestohlen von der Pension Steinplatz‹. So etwas gab es im ›Adlon‹ natürlich nicht. Da durfte man stehlen«, lacht Lord Menuhin. »Doch auch wenn die Sitten sehr formell waren, so waren wir doch eine glückliche Familie, wir fünf und die Goldmans, und blieben beim Essen unter uns.«

Das Konzert in der Berliner Philharmonie am 12. April 1929 wurde ein überwältigender Erfolg. Yehudi Menuhin trat mit dem Philharmonischen Orchester Berlin unter Leitung von Bruno Walter auf. Im Publikum saß, neben bekannten Musikgrößen der damaligen Zeit, auch Albert Einstein, der ebenfalls oft im »Adlon« zu Gast war. Nach dem Konzert hat er den jungen Künstler in der Garderobe besucht. Er habe ihn an die Brust gedrückt und ausgerufen: »Jetzt weiß ich, daß es einen Gott im Himmel gibt!« Doch diesen Satz im Interview zu bestätigen, dazu ist Lord Menuhin zu bescheiden. »Er sagte etwas, was so ein Mann bestimmt auch gesagt hätte, wenn er eine Ameise gesehen hätte, die behauptet, daß es einen Gott im Himmel gäbe. Wenn man Beethoven spielt und Beethoven hört, dann soll man auch glauben, daß es einen Gott im Himmel gibt.«

Das »Adlon« im Dritten Reich

Als am 30. Januar 1933 Adolf Hitler zum Reichskanzler ernannt wurde, hielten ihn viele für eine vorübergehende Erscheinung. Schließlich waren die Kanzler der Weimarer Republik gekommen und gegangen, warum sollte ausgerechnet Hitler eine Ausnahme machen. Wie wir heute wissen, war das ein tragischer Irrtum. »Gebt mir vier Jahre Zeit«, forderte er von den Deutschen. Sie gaben ihm zwölf, und das Ende ist allgemein bekannt.

Vor dem »Adlon« hob sich der Vorhang für diese Epoche, und er schloß sich dort wieder. Den Auftakt bildete ein riesiges Spektakel, zu dem sich – wie Hedda Adlon berichtete – das Hotel bis auf den letzten Stehplatz füllte. Denn am Abend des 30. Januar 1933 sollte ein gigantischer Fackelzug der SA durch das Brandenburger Tor und am »Adlon« vorbei in die Wilhelmstraße zur Reichskanzlei führen, wo sich Hitler von seinen Anhängern bejubeln ließ. Hans Dietzel war damals 19 Jahre alt und Kellner im bekannten Hotel. »Ich stand an diesem Abend auf einem Balkon des ›Adlon‹ und habe die Massen gesehen, die durch das Brandenburger Tor vorbei an der Französischen Botschaft auf dem Pariser Platz zogen. Von da schallte mir das Lied entgegen: ›Siegreich wollen wir Frankreich schlagen.‹ Dabei waren erst kürzlich die französischen Politiker Briand und Lavalle bejubelt worden. Wie schnell sich die Zeiten doch ändern! Auch den Reichstagsbrand am 27. Februar 1933 konnte ich vom ›Adlon‹ aus beobachten. Ich stand auf dem Dach des Hauses und sah, wie die Flammen aus dem berühmten Gebäude schlugen.«

Die Weimarer Republik war zu Grabe getragen, das war historisch gesehen eine Katastrophe. Im »Adlon« machte sich die »neue Zeit« noch für länger nicht bemerkbar. Verblüffend war immer wieder die Stille, die in diesem Haus herrschte. »Schon in der Halle«, so berichtet Hans Dietzel,

Hermann Göring spricht auf einem Empfangsabend des APA im Hotel »Adlon«, 1934

»konnte man sich vom Lärm der Straße erholen. Glücklicherweise kamen nur selten SS-Männer in unser Haus, die meisten von ihnen bevorzugten den ›Kaiserhof‹ in der Wilhelmstraße. Und auch die bisherigen traditionsreichen Institutionen des Hauses, wie beispielsweise der Tanztee, wurden beibehalten.« Sein Liebling unter den vielen Gästen des Hotels war vor 1933 der bekannte Sänger Richard Tauber. Manchmal, erinnert er sich, probte er gerade eine Operettenarie, wenn Hans Dietzel sein Zimmer betrat.

»Tauber hatte eine sanfte, aber durchdringende Stimme, einmalig, die konnte keiner nachmachen. Er hatte seinen ständigen Wohnsitz bei uns oben in der ersten Etage. Abends gegen elf Uhr kam er nach Hause, und da habe ich ihn mal angesprochen. ›Guten Abend, Herr Tauber, wieder einen schweren Tag gehabt?‹ ›Ja, ja, bringen Sie mir bitte etwas zu essen.‹ Und dafür erhielt ich sein Rollenbuch.« Hans Dietzel zeigt es stolz. Davon, daß der jüdische Tenor Richard Tauber im Jahre 1933 Deutschland verlassen mußte und bis zu seinem Tod 1948 in London lebte, müssen wir nicht sprechen.

Noch vieles könnte er uns erzählen; darüber, was er im »Adlon« erlebt und gesehen hat, will er aber nicht sprechen. »Bei der Einstellung wurde uns gesagt: ›Was Sie hier im Hotel sehen oder hören, behalten Sie bitte für sich.‹ Hotelgeheimnis nennt sich so etwas.« Und daran fühlt sich Hans Dietzel bis heute gebunden. Wenn das keine Treue ist!

Ein Hotel von der Klasse des »Adlon« bestand und besteht aus zwei Welten: die eine, dem Gast zugewandte, in der er sich bewegt und möglichst wohlfühlen soll, und die andere, verborgene, in der geputzt, gewaschen und – ganz wichtig – für den Gast gekocht wird. Die Küche des »Adlon« hatte immer einen sehr guten Ruf, wenn auch die Behauptung Hedda Adlons, der erste Küchenchef sei der berühmte Auguste Escoffier gewesen, wohl eher zu den Legenden gehört, die sich um das Haus ranken. Einer, der nachweislich in der Küche des »Adlon« gestanden hat, ist Fritz Lange. 20 Jahre war er alt, als er im Juli 1933 dort anfing.

»Einmal im ›Adlon‹ zu arbeiten, das war der Traum eines jeden tüchtigen Kochs. Besser ging es kaum. Da fragte man nicht ›Was verdien' ich nun hier?‹ oder ›Wann gibt's denn Urlaub?‹. Man war froh, daß man die Stelle bekommen hat. Adlon hat Tarif bezahlt, und ich bekam 16,50 RM Wochenlohn als junger Koch, der unter 21 Jahre alt war. Nach meinem Geburtstag bekam ich als erster commies 22 RM ausgezahlt. Überstunden wurden extra vergütet. Damit war man zufrieden. Hätte ich nur die Hälfte bekommen, wäre ich auch froh gewesen. Das war genauso wie für einen jungen Arzt, der bei Sauerbruch arbeiten konnte. Der hatte das ganze Leben Vorteile davon. Und genauso ging es mir in meinem Beruf ja auch. Wo ich hinkam und sagte, ich war bei Adlon, stand mir die Tür offen.

Die Küchenmeister waren auch damals schon hoch angesehene Persönlichkeiten, die nicht selten die Nase etwas zu hoch trugen. Auch Fiegenwald, der Chefkoch, den ich dort erlebte, war da keine Ausnahme. Die klassische Küche bestand aus einem Küchenmeister und zwölf Köchen in einer Schicht; alles war hierarchisch organisiert. An der Spitze stand Fiegenwald, dann kamen vier Abteilungsköche – die Chefs des parties: ein Chef saucier, der für Braten und Saucen verantwortlich war; ein Chef entremetier, zuständig für Gemüse und Suppen; ein Chef patissier, der sich um Süßspeisen, Eis und Cremes zu kümmern hatte, und schließlich ein Chef garde manger, der alles für die warme Küche vorbereitete. Jeder dieser Chefs des parties hatte wiederum ein oder zwei commies, das waren Gesellen. Sie machten die eigentliche Arbeit, der Chef des parties half erst mit, wenn das Mittag- oder Abendessen richtig losging. Morgens um sieben begann die Frühschicht für die jungen Köche, die commies. Die Abteilungsköche kamen um acht Uhr. Die Abendschicht begann um vier Uhr, und man übergab die vorbereiteten Grundsaucen und andere Zutaten an die Kollegen. ›Mis en place‹ heißt das in der Fachsprache. Immerhin hatten wir schon damals einen geregelten Acht-Stunden-Tag.

Im ›Adlon‹ wurde stets teuer gekocht; Tellergerichte gab es nicht. Alles wurde auf Silberplatten serviert, die mit sogenannten Gloschen abgedeckt waren, und vom Kellner am Tisch des Gastes vorgelegt. Erlebnis-Gastronomie, wie man das heute nennt, kannte man früher nicht. Auf die Qualität des Essens legte das Hotel viel Wert; alle Gerichte wurden frisch zubereitet. Ein ganz besonderer Luxus waren Erdbeeren im Winter. Sie wurden in kleinen Schachteln geliefert, die mit rosa Watte ausgelegt waren. In jeder dieser Schachteln lagen sechs oder acht Erdbeeren, die in holländischen Treibhäusern gezüchtet worden waren. Sie kosteten enorm viel und haben zumeist nach nichts geschmeckt.

Ansicht des Hotel »Adlon« im Schmuck zur 700-Jahr-Feier Berlins, 1937

Beim sogenannten Eintopf-Essen, das die Nazis eingeführt hatten, mußten sich auch die Hotels beteiligen. Das auf diese Weise gesparte Geld ging an die Winterhilfe. Ich erinnere mich, daß wir im ›Adlon‹ deshalb sonntags mittags einmal nur Linseneintopf mit Rebhuhn auf der Karte hatten. Den Gästen hat dies übrigens nichts ausgemacht.

Mit der Machtübernahme der Nazis änderte sich die Speisekarte, und zwar in sprachlicher Hinsicht. Bis dahin wurden für die Speisen die französischen Ausdrücke verwendet, jetzt mußte alles in deutsch bezeichnet werden. So wurde aus Ragout fin beispielsweise Würzfleisch. Die klassische französische Küche behielt man jedoch nach wie vor bei. Ein Betriebsobmann wollte uns auch dazu anhalten, mit ›Heil Hitler‹ zu grüßen; er ließ deswegen sogar ein Schild in der Küche anbringen mit der Aufschrift: Hier wird mit Heil Hitler gegrüßt. Nach ein paar Tagen war das Schild verschwunden, und ein neues wurde gemalt. Untereinander haben wir weiterhin ganz normal gegrüßt, in Gegenwart des Chefs oder eines neuen Kollegen aber doch den Hitler-Gruß verwendet.

Ich blieb bis April 1935 im ›Adlon‹, ehe ich zum Hotel ›Bellevue‹ nach Dresden wechselte. Der dortige Küchenchef war ein guter Freund von unserem Herrn Fiegenwald, und weil dieser meinte, daß ich mich in einem neuen Betrieb weiterbilden solle und sein Bekannter in Dresden zufällig einen Koch hatte, der in einem neuen Haus Erfahrungen sammeln wollte, haben die beiden Küchenchefs uns einfach ausgetauscht. Eigentlich wäre ich gerne im ›Adlon‹ geblieben – aber auf die Idee, zu widersprechen, bin ich gar nicht gekommen.«

Die Zeit im »Adlon« war bei späteren Bewerbungen ein Glanzpunkt im Lebenslauf von Fritz Lange. Sein Zeugnis vom »Adlon« und die der anderen großen Häuser hatte seine Frau während des Krieges sicher verwahrt. Und so kam es, daß Fritz Lange bald nach Kriegsende Küchenchef eines Offiziersclubs in der britischen Zone wurde. Die längste Zeit seiner Berufstätigkeit war er Küchenchef eines Partyservice in West-Berlin und richtete 24 Jahre lang die Staatsempfänge für alle Größen dieser Welt aus, die der geteilten Stadt die Ehre erwiesen. Dafür erhielt er sogar das Bundesverdienstkreuz. Seit 1984 ist er in Pension.

Professionelles Kochen war in jenen Jahren noch eine reine Männerdomäne. Frauen hatten in Hotelküchen an den entscheidenden Stellen nichts verloren. Bestenfalls als Küchenhilfen waren sie geduldet oder aber als Praktikantin, wie Sybille von Pohdewill. Sie studierte an der Berliner Humboldt-Universität, um Gewerbelehrerin zu werden. Dazu gehörte auch ein sechsmonatiges Praktikum in der Gastronomie. Mehr durch Zufall landete sie, zusammen mit zwei männlichen Abiturienten, im Winter 1935/36 als Praktikantin im »Adlon«. An ihren ersten Tag erinnert sie sich noch sehr genau.

»Ich habe mich im Personalbüro gemeldet und sofort darum gebeten, nicht bei meinem Nachnamen genannt zu werden. Damals wurde noch gesiezt, das heutige ›Du‹ kannte man nicht. Ich bat darum, mich bei meinem Vornamen zu nennen, was auch kein Problem war. Mein Mädchenname ist ein historischer Name; ich hatte in der Schulzeit Schwierigkeiten mit dem ›von‹, und natürlich kam der Name gelegentlich in Geschichtsbüchern vor und erregte dann Aufsehen und allgemeine Heiterkeit, weil über einen meiner Vorfahren gesagt wurde, er wäre besonders liebenswürdig und konziliant gewesen, und ich, ich war ein Rabenaas. Und von dieser Heiterkeit und der Neckerei hatte ich irgendwie genug. Die Küchenchefs sprachen wir grundsätzlich mit ›Herr‹ an, aber die anderen nannten sich alle beim Vornamen. Später habe ich erfahren, daß die Küchenbelegschaft dazu ermahnt wurde, in meiner Anwesenheit keine dreckigen Witze zu erzählen.

Ich kann mich übrigens nicht daran erinnern, daß in der Küche Englisch oder Französisch gesprochen wurde; das hat mich an dem Buch Hedda Adlons verwundert. Es sei denn, es kamen nach einer Nacht- oder Spätschicht Gäste in die Küche, um sich für das exzellente Essen zu bedanken. Die Küche selbst war riesig groß; ich schätze sie heute auf ungefähr 45 mal 14 Meter. In der Mitte befand sich der große Herd, der vorwiegend mit Kohle befeuert wurde, ein Teil war elektrisch beheizt, ein anderer Teil mit Gas. An der Wand gab es elektrische Küchengeräte. Für die Zubereitung von Fisch gab es eine eigene Ecke, wo auch gegrillt wurde. Außerdem besaß die Küche einen Nebenraum, in dem Frauen saßen, die Kartoffeln schälten, Gemüse vorbereiteten und Geflügel rupften. Die Waren wurden durch den Eingang Wilhelmstraße mit Lieferwagen auf einen großen Hof gebracht und ausgeladen. Gelegentlich wurde mir aufgetragen, dort etwas zu holen. Ansonsten mußte ich – wie alle Anfänger – zunächst ganz banale Dinge tun und habe mich mit der

Zeit dann hocharbeiten können. Beispielsweise durfte ich gekochte Möhren und Sellerie mit einem bestimmten Löffel zu erbsengroßen Kügelchen schneiden, die man für gewisse Vorspeisen oder Suppen brauchte. Oder ich guckte zu, wie Braten und Soßen angerichtet wurden.«

Sybille von Pohdewill lernte während ihres Praktikums die vielfältigen Aufgaben des Küchenpersonals kennen: das morgendliche Ansetzen der Brühe mit Gemüse, Knochen, Gehacktes und ungeschlagenem Eiweiß; der tägliche Besuch beim Kellermeister, der den Wein- und Spirituosenvorrat des »Adlon« unter seiner Obhut hatte; das Anrichten von Platten, die vormittags zum kalten Büffet aufgestellt wurden; schließlich das alljährliche Pfannkuchenbacken an Silvester. »Morgens um sechs ging es los. Erst zeigte mir ein Koch, wie man die Pfannkuchen aussticht, füllt und auszubacken hat, damit sie den schönen weißen Rand bekamen. Auf den Backblechen mußten immer 50 Pfannkuchen liegen. Das Problem waren die anderen Köche und Küchenhelfer, die sich unauffällig an mir vorbeischlichen und sich munter bedienten. Mit der Zeit wurde ich jedoch klüger und sorgte dafür, daß das heißeste Blech immer da stand, wo die Kollegen vorbeigingen. Als sich die ersten die Finger verbrannten, gab es auf den Blechen keine Lücken mehr. Aber eines bewirkte die ganze Angelegenheit doch: Seit dieser Zeit kann ich Pfannkuchen weder riechen noch essen.«

Wie viele Anfänger in solchen Etablissements, so mußte sich auch Sybille von Pohdewill Mutproben unterziehen: »Nudeln auf einer Wäscheleine aufhängen, die durch einen Teil der Küche gespannt war, darauf bin ich tatsächlich reingefallen. Das zweite Mal habe ich aber genauer aufgepaßt. Es galt, lebende Hummer im Kühlraum mit Salatblättern zu füttern. Während der oder die Neue nun mit den Hummern alleine war, wurde die Tür von außen geschlossen und zusätzlich die Sicherung herausgedreht. Der Rest war nicht Schweigen, sondern lautes Geschrei! Der Spaß dauerte nur kurz, dann wurde der Hummerfütterer erlöst. Übrigens hatte ich bis dahin diese Delikatesse noch nie gekostet, und deshab wollten mir die Köche eines Tages einen Gefallen tun. Pünktlich zu Dienstbeginn morgens um sechs Uhr präsentierten sie mir stolz einen Hummersalat. Mir blieb natürlich nichts anderes übrig, als diesen Salat unter ihrer Aufsicht zu essen. Leider rebellierte mein Magen dagegen! Und so trat das Gleiche ein wie bei den Pfannkuchen: Auch Hummer mag ich bis heute nicht.«

Die Küche des »Adlon« kochte nicht nur für die Gäste im Hotel-Restaurant, sondern lieferte ebenfalls Menüs auf Bestellung, so auch für den späteren Papst Pius XII. An jenem Abendessen nahm auch Hitler teil, für den der Chefkoch extra einen Nudelpudding kochte.

Sybille von Pohdewill hat ihre Zeit im »Adlon« genossen. Ein Gehalt bekam sie nicht, offiziell nicht einmal etwas zu essen. Doch durfte sie am Personalessen teilnehmen, das extra zubereitet wurde. »Die Freude am Kochen habe ich mir bis heute erhalten. Schade war nur, daß ich mir kein Rezept aufschreiben durfte. Aber ich hatte jeden Abend ziemlich lange Stadtbahnfahrten nach Hause, und die habe ich genutzt, um Gerichte und deren Zubereitung aus dem Gedächtnis aufzuschreiben – was eigentlich verboten war. Leider ist meine Rezeptsammlung bei einem Fliegerangriff vernichtet worden. Manchmal kommen mir jedoch beim Kochen Geistesblitze von damals. Eine gewisse Leichtigkeit mit der Hand konnte ich mir über die Jahre glücklicherweise bewahren.«

Ausländischer Presseball im Hotel »Adlon«, 5. Dezember 1937

Im Deutschen Reich jener Jahre ging es nach Ansicht vieler Zeitgenossen damals aufwärts. Wieder einmal war dieses Land im Begriff, sich seinen »Platz an der Sonne« zu erkämpfen – angeblich mit friedlichen Mitteln. Und die Nationalsozialisten gewannen trotz Verfolgung von Juden und Andersdenkender sogar internationale Reputation. Die olympischen Sommerspiele von 1936 in Berlin lockten noch einmal die Touristen aus aller Welt in die Reichshauptstadt. Die Hotels waren voll, und auch das »Adlon« dürfte seinen Schnitt dabei gemacht haben. Trotzdem war die finanzielle Situation von Louis Adlon schon zu diesem Zeitpunkt nicht sehr rosig. Die Grundschuld von 5,2 Millionen Reichsmark, die er 1931 aufgenommen hatte, um seine Schwester auszubezahlen, drückte sehr. Die Reichsregierung hatte auf eines seiner Grundstücke, die Wilhelmstraße 70a, begehrliche Blicke geworfen. Sie suchte neue Räume für das Ministerium für Ernährung und Landwirtschaft. Adlon mußte schließlich seinen Besitz veräußern, denn die Schweizer Bank machte 1937 die Fälligkeit ihrer Forderungen geltend und besaß auf Grund des Pfandrechts die Möglichkeit des Einspruchs gegen einen Verkauf, der nicht zu ihren Gunsten geregelt war. Adlon – so muß angenommen werden – war nicht liquide und konnte des weiteren den Betrag in Devisen nach dem damals geltenden Recht nicht aufbringen bzw. benötigte dazu die Zustimmung der obersten Reichsbehörden. Die sahen nun die Möglichkeit, nach dem Hotel »Adlon« zu greifen und seinen Besitzer in ihre Abhängigkeit zu bringen.

Die Bank wollte dem Verkauf erst zustimmen, wenn die gesamte Darlehensforderung beglichen würde. Auf eine Teilentpfändung nur für das Grundstück Wilhelmstraße Nr. 70a ließ die Bank sich nicht ein. Der »Ankauf des Grundstücks Wilhelmstr. 70a« war »nur durchführbar, wenn das Reich dem ›Adlon‹ zur Rückzahlung seiner Darlehensschuld und zur Zahlung einer Abwertungsgewinnsteuer ein Darlehen von 3 700 000 RM gewährt«. Es folgte ein Finanzmanöver, das auf den ersten Blick zugunsten Adlons angelegt schien, im Wesen wohl aber darauf zielte, dieses Hotel zu einem späteren Zeitpunkt in Reichseigentum zu übernehmen: »Der Kaufpreis für Wilhelmstr. 70a beträgt sodann 1 500 000 RM. 300 000 RM davon sollen bar gezahlt und 1 200 000 RM zur Abdeckung der Schweizer Forderung mit verwendet werden. Der Herr Minister hat bei dem Vortrag am 9. Oktober 1937 grundsätzlich dieser Regelung zugestimmt. Die Aufwendungen des Reiches werden sonach betragen:

a) barer Kaufpreis für Wilhelmstr. 70 a	300 000 RM
b) Kosten für die Übernahme der Darlehensschuld von 7,2 Mill. Sfrs. zum Kurse von 57,25% 7.12.37/ einschl. Nebenkosten)	4 200 000 RM«
zusammen	4 500 000 RM

»Hinzu kommt die Grunderwerbssteuer in Höhe von etwa 75 000 RM und die vom Reich vorzulegende Abwertungsgewinnsteuer von 700 000 RM, so dass die Gesamtaufwendungen 4 500 000 RM + 75 000 RM + 700 000 RM = 4 275 000 rd. 5 300 000 RM betragen werden. Davon sind, wie oben bereits erwähnt, 3 700 000 RM durch Abtretung der Eigentümer-Grundschuld in gleicher Höhe gesichert. Da dem Reichsernährungsministerium weiterer Ersatzraum nicht zur Verfügung gestellt werden kann, muss das Grundstück Wilhelmstr. 70 a für das Reich erworben werden.«

Am 12. Januar 1938 trafen sich der Ministerialdirektor Karl Wever und der Hotelbesitzer Louis Adlon, um die Einzelheiten des Verkaufs in einem Vertrag zu regeln. Der Vertrag folgte im wesentlichen den Festlegungen des Reichsfinanzministers, enthielt aber weitere Einzelheiten. In der Anlage war eine Aufstellung der übernommenen Gegenstände des Hotels durch das Reich beigefügt. Sie reichte vom Fahrstuhl über Damen- und Herrentoilette sowie Hotelzimmer mit Bad im zweiten, dritten und vierten Stockwerk. Interessant liest sich die Gliederung des ersten Stockwerks und seine Nutzung:

»Eine komplette Damen- und eine komplette Herrentoilette mit eingebautem Zubehör. Im Blauen Saal, der eingebaute Kamin, Bilder und Heizkörperverkleidungen. In der Eingangsnische, der eingebaute Brunnen in Marmor. Im Grünen Saal, zwei Consoltische mit Marmorpilatern und eingebauten Spiegeln. Der eingebaute Kamin in verschiedenen Marmorarbeiten. Im Spiegelsaal, der eingebaute Marmorkamin mit den eingebauten Spiegeln und das Gemälde«.

Unklar muß zum gegenwärtigen Zeitpunkt bleiben, ob es sich um Teile der Einrichtung des Hotels »Reichshof« handelte oder aber ob Adlon auch dieses Haus im Innern neu eingerichtet hat. Während Louis Adlon sich mit dem Verkauf eines Teiles seines Besitzes abfinden mußte, planten andere, mächtigere als er, die Neuordnung Europas unter der Vorherrschaft des Hakenkreuzes. Österreich kehrte »heim ins Reich«, wie es damals hieß, die Sudetenkrise folgte, die Wehrmacht marschierte in Prag ein, und am 1. September 1939 verkündete Hitler: »Seit 5 Uhr 45 wird zurückgeschossen!« Mit dem Überfall auf Polen begann der Zweite Weltkrieg.

Blick auf die ausgebrannte Ruine des Hotel »Adlon«, um 1946

»... und Morgen die ganze Welt.« Das »Adlon« während des Zweiten Weltkriegs

In den ersten Kriegstagen und -wochen, als Hitlers Wehrmacht Polen überrannte, Presse und Rundfunk sich mit immer neuen Siegesmeldungen überschlugen, waren es zunächst nur zwei Ereignisse, die auch im »Adlon« deutlich machten, daß die Zeiten sich geändert hatten.

»Am Nachmittag des 3. September«, erinnert sich Hedda Adlon, »überreichte der Hoteldirektor jedem Kellner eine kleine Schere. Diese an einer Kette befestigte Schere ... diente dazu, die Abschnitte von den Lebensmittelkarten zu trennen, die von diesem Zeitpunkt an jeder Deutsche mit sich führen mußte, wenn er irgendwo essen gehen wollte. Außerdem zogen einunddreißig Engländer aus der britischen Botschaft in der Wilhelmstraße, unserem Nachbarhaus, ins Adlon. Die Botschaft wurde in Gegenwart des Schweizer Gesandten, der nunmehr die britischen Interessen wahrnahm, versiegelt. ... Den Briten folgten sieben Angehörige der französischen Botschaft. Die Überreste der diplomatischen Vertretung beider Länder wohnten bei uns in einer Art Ehrenhaft, bis sie von Berlin nach Bad Nauheim geschafft wurden, von wo der Austausch über die Schweiz erfolgte.«

Stellvertretender Empfangschef wurde im Krieg übrigens ein Schweizer, Walter Storz. 1932 war er als Kind mit seinen Eltern nach Deutschland gekommen und hatte im Januar 1939 im »Adlon« seine Lehre begonnen. Mitten im Krieg als stellvertretender Empfangschef im Hotel »Adlon« mit einem Schweizer Paß: Wie war das möglich?

»Im Hotel hat das niemand gewußt außer Herrn Adlon, dem Direktor, dem Personaldirektor und dem Empfangschef, Herrn Wieland. Es hat auch niemand etwas gesagt. Denn wir hatten um das Jahr 1940 einen holländischen Empfangschef, der sehr gut Deutsch sprach, jedoch nicht ganz akzentfrei. Er erteilte eines Tages dem Oberpagen einen Auftrag, und der antwortete: ›Von einem Ausländer lasse ich mich nicht kommandieren. Von Ihnen lasse ich mir gar nichts sagen.‹ Und der Empfangschef hat seine Sachen gepackt und ist gegangen. Bei mir hat niemand gemerkt, daß ich Ausländer bin, und ich habe von mir aus auch nichts gesagt.«

Walter Storz bestätigt, daß der Krieg zunächst nahezu spurlos am Haus vorbeigegangen ist. »Das ›Adlon‹ war immer noch eine eigene Welt. Wir kannten keine Not und kein Elend. Wir haben während des ganzen Krieges nur eine einzige Brandbombe abbekommen. Sie traf die Wäscherei, die gelöscht werden konnte, und das war es dann.«

Auch die Versorgung mit Lebensmitteln ging weiter wie in Friedenszeiten. Im »Adlon« war es auch möglich, ohne Marken zu essen. »Dies galt jedoch nicht für die ›einfachen‹ Leute, die sich sowieso nicht in unser Hotel hineintrauten, weil sie die Atmosphäre als zu steif empfanden und nicht wußten, wie sie damit umzugehen hatten: Marmortreppen, Ober im Frack und wir im Cut mit silberner Krawatte.«

Auch während des Krieges gab es die sogenannten Diplomatenessen, zu denen die Reichsregierung einlud. Zur Vorbereitung kam der zuständige Protokollchef des Auswärtigen Amtes ins Haus und besprach mit unserem Küchenchef alle Einzelheiten. Er war es auch, der Herrn Reusner die notwendigen Lebensmittelscheine besorgte. Gastgeber war zumeist Außenminister Ribbentrop, manchmal war auch Goebbels anwesend. Keiner von ihnen erschien in Uniform, sondern alle stets in Zivil; das Gleiche galt für Gauleiter und Hochkommissare, die zwar zunächst in Uniform eintrafen, sich jedoch vor Beginn der Diplomatenessen erst noch umzogen.

Die Prominenz aus Staat und Gesellschaft gab sich im »Adlon« die Klinke in die Hand, doch der, den sie damals ›Führer‹ nannten, kam nur ein einziges Mal: Hitler.

»Dieser Besuch war mit so viel Aufregung verbunden, daß wir alle hofften, es möge bei diesem einen Besuch bleiben. Es wimmelte schon Tage vorher von Gestapo und SS, es war furchtbar. Als er dann in Begleitung von Martin Bormann, dem Chef der Reichskanzlei, im Hotel eintraf, gingen sie durch die Halle zum Fahrstuhl und fuhren in den ersten Stock. Der Grund seines Besuches waren Verhandlungen über den Verkauf von Hapag-Lloyd.«

Trotz Krieg und aller Repressalien der Nazi-Diktatur blieb der Alltag des Dritten Reiches zumeist vor den Türen des »Adlon«. Das hatte teilweise ganz praktische Konsequenzen, wie sich Walter Storz erinnert:

»Unsere Pagen mußten zum Beispiel keinen HJ-Dienst leisten, bei uns wurde auch keiner eingezogen. Wenn der Gestellungsbefehl kam, meldete man sich bei Frau Gröschel im Personalbüro, die den Schein mit dem Stempel ›UK‹ – unabkömmlich – versah. So einfach war das. Wir haben uns im ›Adlon‹ alle sehr wohlgefühlt. Wir hatten keine Not und haben sehr viel Geld verdient. Ich weiß, daß von den über dreihundert Angestellten nur sechs oder sieben Parteigenossen waren. Dazu zählten der Hoteldirektor, der Zeitungshändler, der erste Kassierer und der zweite Restaurantdirektor. Wenn hochgestellte Persönlichkeiten kamen, haben sie ihr Abzeichen vorne angesteckt und die Gäste mit ›Freiem Wilhelm‹ begrüßt.« Eine lästerliche Umschreibung des ›Deutschen Grußes‹, der überall im Dritten Reich – zumindest bei offiziellen Anlässen – üblich war. Auch Louis Adlon beherrschte natürlich diese Art, prominente Vertreter des Nazi-Reiches in seinem Hause willkommen zu heißen, nur die Ausführung sei etwas lässiger gewesen.

»Herr Adlon grüßte nur mit dem Wort ›Exzellenz!‹, während er den Arm hob, ›Heil Hitler!‹ fiel einfach aus.« Dies hat sich auch nicht geändert, als nach dem Brand des »Kaiserhofes« 1943 die Prominenz von Staat und Partei ins »Adlon« kam.

»Plötzlich kam die Anfrage, diese Leute in Zukunft bei uns unterzubringen. Und bei dieser Gelegenheit wurde festgestellt, daß Herr Adlon nicht Mitglied der NSDAP war. Seine Reaktion lautete damals: ›Da muß ich eben in diesen Verein eintreten. Welche Möglichkeiten gibt es denn?‹ Schließlich wurde er Mitglied verschiedenster Organisationen, sogar der Motorradstaffel, obwohl er gar nicht Motorrad fahren konnte. ›Immer rein, ist doch egal.‹ So war das damals.«

Nachprüfbar ist diese Anekdote heute nicht mehr; sie widerspricht sogar dem heutigen Kenntnisstand. Belegt ist, daß Hedda und Louis Adlon am 1. Februar 1940 der NSDAP beigetreten sind. Also lange vor dem Brand des »Kaiserhofs« und zu einer Zeit, in der es für die Wehrmacht und für Hitler noch vorwärts ging. Ob da der Hotelier sein Fähnchen in den Wind gehängt hat oder ob es andere Gründe gab? Diese Fragen müssen offen bleiben. Vieles spricht für diese Annahme, denn ein überzeugter Nazi ist der NSDAP nicht erst 1940 beigetreten. Außerdem waren die geschäftlichen Beziehungen zum jeweiligen Regierungsapparat seit Eröffnung des Hauses sehr eng. Das Auswärtige Amt und andere offizielle Stellen buchten im »Adlon«.

»Fürst Bismarck, der deutsche Gesandte in Rom, wohnte bei uns, wenn er nach Berlin zum Rapport kam. Seine Exzellenz Graf Schulenburg, der Botschafter in Moskau, ebenso wie Exzellenz Thompson, der deutsche Vertreter in Washington, ist nach Kriegseintritt der USA mit der gesamten Botschaft nach Deutschland zurückgekommen. Der vierte Stock wurde geschlossen, und die gesamte Vertretung kam bei uns unter, bis ihnen neue Aufgaben zugewiesen worden waren. Unvergeßlich wird mir bleiben, wie die jungen Mitarbeiter der Botschaft ankamen: Alle kauten Kaugummi – das gab es in Deutschland gar nicht. Das waren eben unsere Gäste: die Diplomaten, die Wirtschaftsführer und die höheren Regierungsmitglieder, wenn man so sagen will, wie Gauleiter Koch, Hochkommissar für die Ukraine, oder Heydrich, der später in Prag erschossen wurde.«

Wo sich die Prominenz versammelt, da ist die Presse nicht weit. Die »Adlon«-Bar war eine Informationsbörse, besonders für die in Berlin akkreditierten ausländischen Korrespondenten. In einem totalitär regierten Land mit Zensur und staatlich gelenkter Presse tauschten sie hier Informationen aus, spekulierten und fachsimpelten. So auch im Sommer 1941, am Vorabend des Überfalls auf die Sowjetunion, mit der die Deutschen einen Nichtangriffspakt geschlossen und Polen aufgeteilt hatten. Howard K. Smith berichtete in dieser Zeit für *United Press*, die *New York Times* und *CBS* aus Berlin.

»Ich selbst versuchte mehrere auffällige Anzeichen zu Rundfunkmeldungen zu verarbeiten, aber jeder Hinweis auf Rußland wurde von den Zensoren gestrichen. Das letzte verräterische Zeichen entdeckten Amerikaner, die im Hotel ›Adlon‹ an der Ecke Wilhelmstraße/Unter den Linden wohnten. Das deutsche Außenministerium hatte in der obersten Etage des Hotels mehrere Suiten angemietet. Dort waren Tage zuvor ein ganzer Schwarm Sekretärinnen und Beamte mit Wagenladungen von Schreibpapier eingezogen, und seither war niemand von ihnen herausgekommen. Die Türen wurden von bewaffneten deutschen Soldaten bewacht. Offensichtlich bereitete man wieder Dokumente vor. Telegrafisch konnte ich dies ungehindert durchgeben, aber meine Bemühungen, die Nachricht im Radio zu bringen, waren erfolglos. Das Unglaubliche geschah am Sonntag, dem 22. Juni 1941, um drei Uhr morgens. Ich wurde vom Außenministerium aus dem Bett geklingelt und zu einer Sonderpressekonferenz bestellt, die um fünf Uhr beginnen sollte. Wenn man um drei Uhr morgens aus dem Bett geholt wurde, konnte das, wie ich von mehreren vorangegangenen Gelegenheiten wußte, nur eines bedeuten: Deutschland war wieder einmal im Begriff, die Welt vor irgend jemandem zu erretten. Damals hatten die Korrespondenten bei ihren Stammtisch-Spekulationen in der ›Adlon-Bar‹ drei Kandidaten nominiert, nachdem sie von den Aktivitäten in den oberen Suiten gehört hatten: die Weiße Gefahr aus Washington, die Heidnische Gefahr aus Istanbul und die Rote Gefahr aus dem Kreml. Nachdem ich zwei Monate lang die Vorboten studiert hatte, hatte ich kaum noch Zweifel, auf welche die Wahl gefallen war.«

Die »Wahl« lag übrigens schon mehrere Monate zurück, als Howard K. Smith und seine Kollegen offiziell davon unterrichtet wurden. Der deutsche Botschafter in Moskau, Graf von der Schulenburg, hatte bis zuletzt versucht, Hitler von seinem Plan abzubringen. Im April 1941 reiste er deswegen nach Berlin und stieg im »Adlon« ab. Dort traf er Hans von Herwarth und dessen Frau. Herwarth war in den dreißiger Jahren sein Mitarbeiter an der Moskauer Botschaft gewesen. Mittlerweile Offizier und zu einem Kursus nach Berlin abkommandiert, trafen sie sich in der Halle des »Adlon« vor Schulenburgs Termin in der Reichskanzlei. Herwarth erinnert sich noch genau an diesen Tag.

»Wir saßen im Hotel ›Adlon‹ zusammen, bevor Graf Schulenburg siegesgewiß mit einer wunderbaren Denkschrift zu Hitler ging, mit der er ihn zu überzeugen glaubte, daß es vollkommen sinnlos sei, gegen die Sowjetunion Krieg zu führen. Denn die Sowjetunion lieferte uns alles, was wir brauchten, um die Blockade von England zu unterlaufen. Die kauften ja sogar für uns im fernen Osten ein. Schulenburg ging dann mit einem Mitarbeiter zu dem Termin bei Hitler, und wir warteten gespannt auf das Ergebnis. Beide kamen – schneller, als wir erwartet hatten – leichenblaß zurück. Schulenburg hatte noch einmal seine Ansichten über die Sowjetunion vorgetragen und dabei betont, er sei felsenfest überzeugt, die Sowjetunion werde sich unter keinen Umständen in den Krieg hineinziehen lassen. Er hatte darauf hingewiesen, wie wichtig es sei, die ›positive Neutralität‹ Rußlands zu erhalten. Am Ende seiner Ausführungen hatte er beteuert, daß die Sowjets alle jetzigen und auch alle zukünftigen Verträge mit Deutschland einhalten würden. Hitler hatte schweigend zugehört. Als Schulenburg seinen Vortrag beendet hatte, erhob sich Hitler, legte Schulenburgs Memorandum beiseite, schüttelte ihm die Hand und sagte nur: ›Ich danke ihnen, es war sehr interessant. Ich wünsche ihnen eine gute Rückreise nach Moskau.‹ Damit war klar, daß der Krieg ausbrechen würde.«

Der Überfall auf die Sowjetunion war beschlossen, und das Unheil nahm seinen Lauf. Davon zunächst unberührt war der Alltag im »Adlon«, das weiter illustre Gäste in seinen Mauern beherbergte. Der Operettenkomponist Eduard Künneke war Stammgast in der »Adlon«-Bar. Und weil ein Komponist immer im Dienst ist und es der Muse meist egal ist, wo sie küßt, soll es des öfteren vorgekommen sein, daß er seine Melodien auf alten Menükarten notierte, die der Barmann für ihn bereithielt. Bestimmt könnte er noch viele Geschichten aus dem »Adlon« erzählen, aber wie so viele andere, die es immer wieder unter die Linden zum »Adlon« zog, ist er längst verstorben. Seine Tochter Evelyn, Sängerin und Kabarettistin, wurde in dem Jahr geboren, als Lorenz Adlon starb, 1921.

»Ich habe das Hotel ›Adlon‹ als Kind mit meinen Eltern öfter besucht und erinnere mich vor allem an den berühmten englischen Schriftsteller P. G. Woodhouse, der während des Krieges dort wohnte, nachdem er mit seiner Frau in Südfrankreich von den Deutschen interniert worden war. Man hat ihn später nach Berlin gebracht, und er hat dann hier im Rundfunk gesprochen, pro-deutsche Propaganda gemacht, und konnte dafür frei im Hotel ›Adlon‹ leben.« Er war der populärste englische Humorist dieses Jahrhunderts und nahm für Goebbels am Ätherkrieg teil. Wie es dazu kam, ist eine sehr abenteuerliche Geschichte. Pelham Granville Woodhouse lebte vor dem Krieg in Frankreich, angeblich aus Steuergründen. Diese Sparsamkeit sollte ihn teuer zu stehen kommen, denn als er vom Einmarsch der deutschen Truppen überrascht wurde, kam er in Haft und soll sogar einige Zeit im KZ verbracht haben. Ein deutscher Freund aus Vorkriegstagen überredete ihn, über den deutschen Rundfunk zu seiner riesigen Fan-Gemeinde in den USA zu sprechen. Dafür lebte er wie ein Fürst im »Adlon«. P. G. Woodhouse machte keine Radiopropaganda im herkömmlichen Sinn. Mit seinen Plaudereien über den Äther gaukelte er seinen Hörern vor, im Deutschland Hitlers und Goebbels gehe alles mit rechten Dingen zu. Und dieser Eindruck war vor dem Kriegseintritt Amerikas sehr erwünscht. Der britische Premier Winston Churchill konnte jedoch nicht mehr über den Humor seines Landsmannes lachen. Das Leben im »Adlon« war 1944 für P. G. Woodhouse vorbei. In Frankreich – wieder einmal – als Kollaborateur verhaftet, diesmal allerdings von den Franzosen, wurde er an die Briten ausgeliefert und ging 1947 nach Amerika. Jahrzehnte vergingen, doch Großbritannien nahm ihm sein damaliges Verhalten weiter übel. Erst 1975, kurz vor seinem Tod, trug man ihm den Titel ›Sir‹ an. Die Akten über P. G. Woodhouse blieben aber 50 Jahre Geheimsache.

Evelyn Künneke und ihr Vater haben Woodhouse als Schriftsteller verehrt, indes das Hotel selbst war für die Tochter nichts Besonderes.

»Ich bin als Kind sehr viel rumgekommen. Ich bin in Amerika aufgewachsen und habe immer in teuren Hotels gewohnt, so daß das ›Adlon‹ auf mich keinen besonderen Eindruck gemacht hat. Eines von den feudalen Hotels, in denen ich immer gewohnt habe. Es hatte dasselbe Flair wie beispielsweise das Hotel ›Bristol‹ in Wien: ein schönes, altmodisches, elegantes Haus mit Plüsch und Pleureusen. Etwas pompös, aber angenehm.«

Aber ohne ihre Eltern wäre sie nicht ins »Adlon« gegangen. Es war kein Ort für junge Leute.

»Die haben von sich aus dort nicht verkehrt, denn damals hatten junge Leute noch nicht soviel Geld, um das überhaupt bezahlen zu können. Wir sind zwar auch zum Fünf-Uhr-Tee gegangen, bevorzugten aber das Delphi oder die Femina.«

Und die Küche im Adlon?

»Ich bin gewöhnt, in Luxushotels zu essen und zu verkehren, da ist die Küche überall gleich. Es ist alles sehr ordentlich und sehr vornehm, aber es schmeckt nach nichts. Beste Zutaten, bestes Material, alles sauber, alles wertvoll, aber es ist langweilig.«

Ein Rezept ist ihr jedoch über all die Jahre im Gedächtnis geblieben, nicht vom Küchenchef des »Adlon«, sondern von Frau Woodhouse:

»Es ist ein Rezept für englisches Teegebäck: 100 Gramm Schmalz, 100 Gramm durchgesiebtes Mehl, 100 Gramm Zucker und ein Päckchen Backpulver. Davon wird ein Teig geknetet und zentimeterdick ausgerollt, mit einer Tasse ausgestochen und auf einem eingefetteten Backblech 20 Minuten gebacken. Dann gehen die Kekse auf, die schneidet man durch, streicht Butter drauf und möglichst noch Aprikosen-Marmelade. Das sind die sogenannten Scones. Und da Mr. und Mrs. Woodhouse auch bei uns verkehrten, habe ich dann diese Scones gebacken.«

Damit gehört Evelyn Künneke bestimmt zu den wenigen Menschen, die mit einem Rezept das »Adlon« verlassen haben und sich nach über einem halben Jahrhundert auch noch daran erinnern.

Das »Adlon« wurde noch für längere Zeit vor Zerstörungen verschont. Es beherbergte auch weiterhin viele Künstler. Walter Storz erinnert sich an Herbert von Karajan und Wilhelm Furtwängler, besonders jedoch an Heinrich George.

»Für jeden Gast wurde eine Karte angelegt, wenn er das erste Mal bei uns im Hause war. Heinrich George kam ab und zu, um bei uns zu essen, und wenn er dann sehr müde war, hat er hier auch übernachtet. Als ich ihn das erste Mal im ›Adlon‹ begrüßte, war das schon ein aufregender Moment. Doch als ich dann seine Karte zur Hand nahm, entdeckte ich, daß George sein Künstlername war, eigentlich hieß er ›Heinrich Schulze‹.«

In dieser Gästekartei waren alle Vorlieben und Abneigungen vermerkt, angefangen bei der Lieblingsblume des Gastes bis hin zur Frage, welche Art von Mineralwasser bevorzugt wurde.

»Baldur von Schirach, der Reichsjugendführer, hatte eine Abneigung gegen die Farbe Blau.« Blau aber war die Farbe des »Adlon«. Das »Adlon-Blau« war berühmt. »Wir stellten für unsere Gäste blaue Federhalter und Tintenfässer mit blauer Tinte, dazu blaue Bleistifte mit Inschrift ›Hotel Adlon, Berlin‹ zur Verfügung. Außerdem hatten wir Polstermöbel, die blau bezogen waren. Und all das mußte aus dem Zimmer genommen werden, wenn Baldur von Schirach einzog.«

Tiefer Frieden also, während draußen der Krieg tobte. Das »Adlon« pflegte weiter seinen Ruf als Luxus-Hotel. Dazu gehörte natürlich auch der legendäre Weinkeller, der auch in den Kriegsjahren bestens gepflegt wurde. Lothar Wrosch fing dort 1942 als Lehrling an.

»Schon die Riesenfässer, die da lagen, die ganze Atmosphäre, haben mich beeindruckt. Ich hatte mit meinen 14 Jahren keine Ahnung vom ›Adlon‹ und wußte natürlich auch nicht, was für ein Weinkeller sich unter so einem Hotel befand. Zu meinen Aufgaben gehörte es, die Weine, die Herr Adlon in Fässern eingekauft hatte, in Lagerfässer umzupumpen und dann zu pflegen. Pflegen heißt nicht nur, den Wein richtig zu lagern, sondern auch lebensmitteltechnisch zu untersuchen. Früher wurden die Weine in Holzfässern angeliefert und waren deshalb besonders empfindlich gegen Bakterien, da das Holz atmet. Herr Adlon hatte die Fässer vor Ort bei den Winzern – sei es vom Rheingau, aus Rheinhessen oder dem Gebiet Mosel-Saar-Ruwer – ausgesucht und nach Berlin transportiert. Außerdem gab es französische Weine: Bordeaux, Mâcon, Beaujoulais, Châteauneuf-du-Pape, Pommard. Die Weine der großen berühmten Güter wurden als Originalabfüllung sogar ausschließlich in Flaschen, verpackt in Strohhülsen, angeliefert.

Für die Faßware hatte der Weinkeller ein Fassungsvermögen von 100 000 bis 120 000 Liter. Das Flaschenlager war rund um die Fässer aufgebaut und umfaßte noch einmal rund 140 000 Fla-

Rheingauer, Rheinhessische und Pfälzer Weine

				¹/₁ Flasche M	¹/₂ Flasche M
52	Dienheimer	1908		2.50	—
53	Niersteiner Gewännchen	1911		3.—	—
54	Dürkheimer Spielberg	1908		3.—	1.50
55	Geisenheimer	1909		3.—	1.50
56	Erbacher Hohenrain	1907	Cresc.: Prinz Albrecht von Preußen	3.50	—
57	Freinsheimer Gottesacker	1908	Cresc.: Bürgermeister M. Hilgard	4.—	2.—
58	Oestricher Goldberg	1908		4.—	2.—
59	Wachenheimer Heidweg	1908	Crescenz: A. Bürklin-Wolf	4.50	—
60	Johannisberger Hölle	1908		4.50	—
61	Niersteiner Rosenberg	1908		5.—	2.50
62	Ruppertsberger Nußbien	1908	Cresc.: Deidesheimer Winzerverein	5.—	—
63	Wachenheimer Böhlig	1908	Crescenz: A. Bürklin-Wolf	5.—	—
64	Rauenthaler Langenstück	1908		5.—	2.50
65	Forster	1908	Cresc.: W. Schellhorn-Wallbillich	5.—	—
66	Eltviller Hanach	1900		6.—	3.—
67	Ruppertsberger Mandelacker	1908	Crescenz: Reichsrat F. Buhl	6.—	—
68	Niersteiner Rehbach Auslese	1908		6.—	3.—
69	Geisenheimer Mückeberg	1904		6.—	3.—
70	Liebfraumilch I. Qualität	1907		7.—	3.50
71	Steinberger, Faß Nr. 19	1905	Cresc.: Königl. Preußische Domäne	7.—	—
72	Schloß Reinhartshausener Hattenheimer Hinterhausen	1908	Crescenz: Prinz Friedrich Heinrich von Preußen	8.—	—
73	Oestricher Rauschenberg	1909	Cresc.: Fürst Löwenstein-Wertheim-Rosenberg	8.—	—
74	Niersteiner Hipping Auslese	1900		8.—	4.—
75	Luginsland	1904	Cresc.: P. J. Valckenberg, Worms	9.—	—
76	Niersteiner Kranzberg Riesling Auslese	1904		9.—	—
77	Steinberger, Faß Nr. 53	1905	Cresc.: Königl. Preußische Domäne	9.—	—
78	Kiedricher Auslese	1900	Crescenz: Dr. Weil, Kiedrich	10.—	—
79	Ruppertsberger Hoheburg Traminer	1908	Cresc.: W. Schellhorn-Wallbillich	10.—	—

Wein-Bestellungen außer dem Hause werden zu wesentlich ermäßigten Preisen ausgeführt.

CLASSIFICATION DES GRANDS VINS DE BORDEAUX

Noms de Crûs	Communes	Propriétaires	Prod. moyenne en tonneaux
GRANDS 1ers CRUS			
Château-Lafite	Pauillac	Bons. A., G. et E. de Rothschild	180
Château-Latour	Id.	De Flers, de Beaumont, de Graville, de Courtivron	90
Château-Margaux	Margaux	Pillet-Will	180
Château-Haut-Brion	Pessac (Graves)	Héritiers Am. Larrieu	100
2mes CRUS			
Mouton	Pauillac	Héritiers Baron James Edouard de Rothschild	120
Rauzan-Ségla	Margaux	Durand-Dassier	60
Rauzan-Gassies	Id.	Rhoné Pereire	45
Léoville-Lascases	St.-Julien	Marquis de Lascases	125
Léoville-Poyferré	Id.	Armand-Lalande	90
Léoville-Barton	Id.	Barton	75
Durfort-Vivens	Margaux	De La Mare et F. Beaucourt	50
Lascombes	Id.	Chaix-d'Est-Ange	40
Gruaud-Larose-Sarget	St.-Julien	Baron Sarget	100
Gruaud-Larose	Id.	De Bethmann et A. Faure	100
Brane-Cantenac	Cantenac	Berger et Roy	100
Pichon-Longueville	Pauillac	Baron de Pichon	60
Pichon-Lalande	Id.	Comtesse de Lalande	70
Ducru-Beaucaillon	St.-Julien	Nath. Johnston	100
Cos-d'Estournel	St.-Julien	Famille de Errazu	150
Montrose	Id.	Dollfuss-Famille	180
3mes CRUS			
Giscours	Labarde	Edouard Cruse	125
Kirwan	Cantenac	Ville de Bordeaux	170
D'Issan	Id.	G. Roy	100
Lagrange	St.-Julien	Louys	250
Langoa	Id.	Héritiers Barton	125
Malescot St. Exupéry	Margaux	Bernos de Boissac, Ch. Chouve, Deroulède	150
Cantenac Brown	Cantenac	Armand Lalande	130
Palmer	Id.	MM. Pereire	170
La Lagune	Ludon	Louis Sèze	75
Desmirail	Margaux	Mme. Sipière	50
3mes CRUS (suite)			
Calon Ségur	St.-Estèphe	Hé. P. F. de Lestapis	150
Ferrière	Margaux	Ferrière	15
Mis.d'Alesme-Becker	Id.	Sznajderski	12
4mes CRUS			
Saint-Pierre	St.-Julien	Mrs. Bontemps-Dubarry et Kappelhoff	50
Id.	Id.	Mme. de Luetkens	30
Branaire-Ducru	Id.	Comte A. Ravez, Mis. de Carbonnier Marzac	130
Talbot	Id.	Marquis d'Aux	100
Duhart-Milon	Pauillac	Mme. Castéja	100
Poujet	Cantenac	De Chavaille	30
La Tour-Carnet	St.-Laurent	Mme. de Luetkens	130
Rochet	St.-Estèphe	Mme. Lafont de Camarsac et Fils	45
Beychevelle	St.-Julien	Vve. Arm. Heine	160
Le Prieuré	Cantenac	Ruth et Rosseau	35
Mis De Therme	Margaux	Fr. Eschenauer	80
5mes CRUS			
Pontet Canet	Pauillac	Mme. H. Cruse	180
Batailley	Id.	Constant Halphen	110
Grand-Puy-Lacoste	Id.	De Saint-Légier	140
Ducasse-Grand-Puy	Id.	Duroy de Suduiraut	100
Lynch-Bages	Id.	Maurice Cayrou	90
Lynch-Moussas	Id.	Vasquez	100
Dauzac	Labarde	Nath. Johnston	90
Mouton-d'Armailhacq	Pauillac.	De Ferrand	150
Le Tertre	Arsac	Mme. H. Koenigswarter	125
Haut Bages	Pauillac.	De Solminihac	30
Pédesclaux	Id.	Mme. Pédesclaux	25
Belgrave	St.-Laurent	Mme Bruno-Devez	80
Camensac	Id.	Mme. Bruno Popp	60
Cos-Labory	St.-Estèphe	Vve. L. Peychaud et Fils	40
Clerc-Milon	Pauillac.	Laména, notaire	30
Calvé-Croizett-Bages	Id.	Julien Calvé Fils	65
Cantemerle	Macau	Baronne d'Abadie de Villeneuve de Durfort	200

GRANDS VINS BLANCS

GRAND 1er CRU

Château-Yquem, à Sauternes

1ers CRUS

Ch.-La Tour-Blanche, à Bommes
Ch.-Peyraguey, à Bommes
Ch.-Vigneau, à Bommes
Ch.-Suduiraut, à Preignac
Ch.-Coutet, à Barsac
Ch.-Climens, à Barsac
Ch.-Bayle (Guiraud), à Sauternes
Ch.-Rieussec, à Fargues
Ch.-Rabaut, à Bommes

2mes CRUS

Ch.-Mirat, à Barsac
Ch.-Doisy, à Barsac
Ch.-Peyxotto, à Bommes
Ch.-d'Arche, à Sauternes
Ch.-Filhot, à Sauternes
Ch.-Broustet-Nérac, à Barsac
Ch.-Caillou, à Barsac
Ch.-Suau, à Barsac
Ch.-Malle, à Preignac
Ch.-Romer, à Preignac
Ch.-Lamothe, à Sauternes

Champagner-Weine

			¹/₁ Flasche M	¹/₂ Flasche M
	Ayala & Co., Ay			
294	Extra quality, goût américain		17.—	9.—
295	Extra quality, extra dry		17.—	9.—
	Veuve Clicquot-Ponsardin, Reims			
296	Sec, gelb Etikett		18.—	9.50
297	Brut, gold Etikett	1906	22.—	—
	Deutz & Geldermann, Ay			
298	Cabinet, sec	1898	17.—	9.—
299	Goldlack, extra sec	1893	19.—	—
	Giesler & Co., Avize			
300	Extra dry		17.—	9.—
	George Goulet, Reims			
302	Dry halb trocken	1906	17.—	—
303	Vin nature	1904	18.—	—
	Heidsieck & Co., Reims			
304	Monopole sec	1906	17.—	9.—
305	Monopole dry	1904	18.—	9.50
306	Monopole extra sec	1898	19.—	—

Wein-Bestellungen außer dem Hause werden zu wesentlich ermäßigten Preisen ausgeführt.

16

Weinkarte des Hotel »Adlon«, um 1912

schen. 1942, gleich zu Beginn meiner Lehrzeit, habe ich Inventur gemacht. Da wurden alle Flaschen durchgezählt: alle Sorten Wein, Sekt, Champagner bis hin zum Whiskey und den Likören. Insgesamt kamen wir auf eine Zahl von 80 000 bis 85 000 Flaschen – und das mitten im Krieg.

War ein Holzfaß leer, dann mußte es auch von innen gereinigt werden, eine Aufgabe für uns Lehrlinge. Die Fässer hatten unten eine kleine Pforte, die mit einem Riegel verschlossen war. Dort schlängelte ich mich hindurch, von oben kamen der Wasserschlauch und die Faßlampe, und dann fing ich an, mit der Bürste die Wände abzuschrubben, ohne den Weinstein dabei zu zerstören. Wenn ich fertig war, wurde das Faß wieder verdichtet, eingeschwefelt und war bereit, neu gefüllt zu werden. Vier bis fünf Monate haben die Weine erst einmal im Keller geruht, bis sie in Flaschen abgefüllt und mit Etiketten versehen wurden. Der Tagesbedarf an Weißwein für das ›Adlon‹ selbst konnte in großen elektrischen Kühlschränken kühl gehalten werden. Und das zu einer Zeit, in der ein Kühlschrank noch eine Rarität war. Waren die Flaschen ausgetrunken, wurden sie nicht etwa fortgeworfen. Zwei französische Kriegsgefangene spülten die Flaschen, entfernten die Etiketten und bereiteten sie für eine neue Füllung vor. Richtig spannend wurde es beim Abfüllen von Spirituosen, wenn der Kellermeister peinlich genau darauf achtete, daß kein Tropfen daneben ging. Ich erinnere mich noch genau daran, wie ich zusammen mit dem Küfer ein Faß ›Adlon‹-Cognac auf Flaschen ziehen sollte. Der Küfer zweigte schlichtweg eineinviertel Liter Cognac ab, indem er das Faß mit der gleichen Menge Muskateller auffüllte. Niemand hat etwas davon gemerkt.«

Ein ehernes Gesetz, das Lothar Wrosch auch heute noch in seinem Gedächtnis ist, besagte, daß die Weinkarte immer auf dem neuesten Stand zu sein hatte. Monatlich wurden darum die Weinkarten im Restaurant überprüft. Ging eine Sorte oder ein Jahrgang zur Neige, informierte man sofort den Chef des Restaurants darüber.

Der junge Lehrling hat sich im »Adlon« sehr wohlgefühlt. Auch mit der Bezahlung war er zufrieden. Ein zusätzliches Trinkgeld verdiente er sich »jeweils am Monatsende, wenn ich, mit Küferjacke und Schürze ausstaffiert, einen Korb zu Hedda Adlon raufbrachte, der mit Champagner, guten Moselweinen, Weinbränden und Cognac gefüllt war. Damit bin ich über den Hinteraufgang rauf, habe vor ihr meinen Diener gemacht und den Korb übergeben. Manchmal bekam ich drei, manchmal fünf Mark. Bei 20 Mark Lehrgeld im Monat war das noch einmal ein Viertel dazu – bar auf die Hand.«

Ein einziges Mal während seiner gesamten Lehrzeit hat Lothar Wrosch auch den Besitzer des Hotels, Louis Adlon, gesehen. »Die Aufregung war überall spürbar, schließlich ließ er sich ansonsten nie bei uns unten blicken. Zwei Tage vor dem großen Ereignis wurden der Keller und die Fässer geschrubbt. Der Kellermeister wollte sich natürlich von seiner besten Seite zeigen. Als Herr Adlon zu uns runterkam, hat er wohlwollend genickt, ist durchgegangen, und nach 10 Minuten war alles vorbei.«

Ende Januar 1945 endete für Lothar Wrosch seine Tätigkeit im »Adlon«; er wurde Soldat. Als er 1946 aus der Gefangenschaft wieder nach Berlin kam, wollte er erneut im »Adlon« anfangen. Bis 1951 mußte der Weinküfer-Geselle jedoch in anderen Berufen sein Geld verdienen, dann bewarb er sich bei einer großen Weinhandlung in West-Berlin. Und daß er unter allen Bewerbern die Stelle bekam, lag vielleicht auch daran, daß er seinen Beruf im »Adlon« erlernt hat, so vermutet er.

Im Laufe der Jahre brachte der Krieg Schwierigkeiten über Schwierigkeiten bei der Aufrechterhaltung eines einigermaßen geregelten Hotelbetriebes. Eine Antwort auf die Frage, wie es doch gelang, den Standard des »Adlon« zu halten, gibt ein Brief Adlons vom 17. Oktober 1944 wieder. Darin wurde mitgeteilt, daß das Hotel »Adlon«: »unter der »Mob. Nr. 18804 vom Oberpräsidenten der Mark Brandenburg als Wehrwirtschaftsbetrieb« erfaßt worden war und das Hotel die »Reichsbetriebsnummer 6/0250/5007 des Reichsministeriums für Bewaffnung und Munition« erhalten hatte. Das war die Konsequenz der Zeit und der Übernahme der Verwaltung der Hypotheken durch die Reichsfinanzverwaltung.

All die Kriegsjahre hindurch konnte das »Adlon« eine Insel des Friedens bleiben, doch als der Krieg Berlin erreicht hatte, teilte auch das Hotel das Schicksal der Reichshauptstadt. Adolf Hitler hatte sich verrechnet. Dem Blitzkrieg gegen Polen, dem Sieg über Frankreich folgte der Überfall auf die Sowjetunion, folgte Stalingrad. Der Zeit der Siege folgte die Zeit des Rückzugs der Deutschen Wehrmacht, und der Krieg kehrte dahin zurück, von wo er über Europa gekommen war, nach Deutschland, nach Berlin. Hitlers Propagandaminister hatte den totalen Krieg ausgerufen, und Nacht für Nacht kamen die alliierten Bomber über die Stadt, legten ganze Straßenzüge in Schutt und Asche. Das »Adlon« blieb von den Bomben nahezu verschont, aber der Krieg ließ das Haus und seine Bewohner natürlich nicht unberührt.

Hedda Adlon, die diese Zeit als Augenzeugin erlebte, erinnert sich:

»Wegen der immer furchtbarer werdenden Großangriffe auf Berlin wurde die Bevölkerung evakuiert. Das ›Adlon‹ wurde mit einer Schutzmauer umgeben. Sie reichte von der Straße bis zum Balkon der ersten Etage. Sie verlieh dem Haus, dessen festliche Architektur unverlierbar zum Bild der Linden und Berlin gehörte, mit einemmal einen seltsamen abweisenden und verschlossenen Charakter. Es war nun, als handle es sich nicht mehr um ein Hotel, dessen weltweite Gastlichkeit berühmt war, sondern um eine Festung, die niemand betreten sollte. Konnte es für das Adlon etwas Paradoxeres geben? ... Seit der Einrichtung der Schutzmauer (fiel) kein Tageslicht mehr in die große Empfangshalle, deren Wände aus edlem Marmor immer noch standen, deren Bronzeornamente den Glanz vergangener Zeit repräsentierten und deren herrliche Chippendale-Verkleidung einzigartig in der Welt war. Niemand schien mehr einen Blick dafür zu haben. Tisch, Bett und Telefon – das war der Hauptwunsch der Gäste, die jetzt das ›Adlon‹ aufsuchten. Denn wer nannte noch eine unversehrte Wohnung oder ein funktionierendes Telefon sein eigen? ... Auf Betreiben des Auswärtigen Amtes entstand in unserem Hotel eine gespenstische Nachahmung des gesellschaftlichen Lebens einer vergangenen Zeit. Jeden Mittwoch, zum ›jour fixe‹, an dem der Außenminister die Diplomaten um sich versammlte, und in der Nacht vom Mittwoch zum Donnerstag jeder Woche beherbergte das ›Adlon‹ noch einmal wie einst die internationale Welt in seinen Räumen. An runden kleinen Tischen wurde gespeist, und unsere Ober servierten, als ob die Welt sich nicht geändert hätte, in Frack und weißen Handschuhen. An solchen Tagen bot das ›Adlon‹ fast wieder das Bild großen Lebens und guten Stils. Es fand sich erstaunlicherweise auch immer noch etwas zu essen, markenfrei ... ›Il y a quelque chose‹, sagte Louis Adlon tröstend auf schüchternes Bitten oder flehende Blicke seiner Gäste hin.«

Zufällig zu Gast im Haus war an einem solchen Mittwoch Lally Horstmann. Ihr Mann hatte bei Hitlers Machtübernahme im Jahre 1933 den Dienst im Auswärtigen Amt quittiert. Zusammen mit ihm, einem Kunstsammler und berühmten Gastgeber, gehörten sie zur Berliner Gesellschaft, wenn auch nicht zur Braunen, wie sich unschwer vorstellen läßt. Mit verschiedenen Widerstandsgruppen standen sie in enger Verbindung. Daß sie sich im »Adlon« verabredete, hatte einen ganz bestimmten Grund.

»In ganz Berlin konnte man sich nur hier ohne Angst vor Fliegerangriffen zum Essen hinsetzen. Luftschutzkeller boten keine Garantie mehr, die Bomben waren so perfekt konstruiert, daß sie Dächer, Stockwerke, Kellergewölbe glatt durchschlugen. Auf Hitlers Anordnung waren zur Sicherheit ausländischer Diplomaten und hoher Funktionäre aus den verschiedenen nahe gelegenen Ministerien in der Wilhelmstraße Tiefbunker im ›Adlon‹ angelegt worden, nach Plänen von Albert Speer; der Rüstungsminister galt als höchste Autorität auf dem Gebiet der Schutzmaßnahmen. Die Bunker unterschieden sich wie die erster und zweiter Klasse auf einem Ozeandampfer, aber der nur wenige Meter unterhalb gelegene paßte denen nicht sonderlich, für die er doch gebaut war. Wenn sie sahen, wie die zum Überleben würdig erachteten, bevorzugten Gäste jenen rosa Passierschein zückten, der Zugang zu Treppen tief ins Erdinnere gewährte, kam es zu panikartigen Szenen, so daß praktisch kein Mensch mehr jemanden aufzuhalten wagte, der sich in der ersten nervösen Hochspannung bei Alarm seinen Weg nach unten erzwang. ... Melodischer Gongschlag unterbrach uns und beschwor Erinnerungen an ländliche Tafelfreuden. Weil das Heulen der Sirenen nicht in die Hotelhalle drang, war Adlon auf diesen menschenfreundlichen Einfall gekommen, seine Gäste vor nahenden Feindfliegern zu warnen ... Wenn auch Adlons gedämpftes Warnsignal weniger in die Glieder fuhr als das ominöse, Wellen von Panik durch die Adern jagende Gejaule, war die Wirkung doch die gleiche; wir alle, Adlon, seine Gäste, die Oberkellner und Klingelboys drängelten wie eine einzige Herde zur Treppe in den Tiefbunker, schubsten und stießen uns auf den feuchten Betonstufen hinunter. ... Die endlosen Schächte führten bis weit unter den Pariser Platz, um Fluchtwege offenzuhalten, falls die Hotelausgänge unpassierbar werden sollten; das Ventilationssystem würde auch bei einem Volltreffer auf das Hotel funktionieren. Chancen zum Überleben waren durchaus gegeben. Doch wuchs unsere Verzweiflung, wenn wir manchmal zwei, drei Stunden in der Falle saßen mit dem Wissen, daß sich die Reichshauptstadt gegen die anhaltenden Tag- und Nachtangriffe nicht mehr verteidigen konnte. ... Getränke wurden gereicht. Wir warteten, redeten und spürten unseren Hunger, während der Rundfunk das dramatische Luftgeschehen über uns am Himmel mit all den heruntergetrudelten Fallschirmjägern kommentierte. ... Schließlich erlöste uns der ersehnte Gong und entließ uns wieder ans Tageslicht. Die ausländischen Diplomaten zogen sich in einen reservierten Speisesaal zurück, denn es war Mittwoch, und an diesem Tag berief Außenminister Ribbentrop sie allwöchentlich zum Lunch ins ›Adlon‹.«

Emil Jannings, Aufnahme aus den vierziger Jahren

Unter den Gästen im Bunker war die Schauspielerin Gisela Uhlen. Mit noch nicht einmal fünfundzwanzig Jahren hatte sie beim Film und auf der Bühne schon Karriere gemacht. Emil Jannings, der damals schon zur Filmlegende aufgestiegen war, verband mit ihr eine väterliche Freundschaft. Daß so eine Freundschaft aber auch durchaus zur Belastung werden kann, erfuhr die junge Schauspielerin, als Jannings das Schicksal so vieler Berliner im Krieg teilen mußte: Er wurde ausgebombt. Der Durchschnitts-Berliner, den ein solches Schicksal traf, kroch erst einmal bei Verwandten unter oder zog in eine Notunterkunft: Emil Jannings zog mit seinem Diener ins »Adlon«. Und wie alle Gäste, die bei einem Angriff im Hause waren, ging auch er in den Bunker, der erst 1943 fertiggestellt worden war. Doch der Schauspieler hatte verständlicherweise Angst, bei den Angriffen alleine zu sein, und bat seine junge Kollegin Gisela Uhlen zu sich in den Bunker des »Adlon«.

Ähnlich wie die Hotelhalle sei auch der Bunker sehr edel ausgestattet gewesen, erinnert sich die Schauspielerin. Viele Male habe sie dort neben Emil Jannings gesessen und mit ihm auf das Ende des Bombardements gewartet. Jannings revanchierte sich derweil auf seine Weise für die Gesellschaft. Während die Alliierten ihre Bomben auf die Reichshauptstadt warfen, erzählte er bei Rotwein und Pralinen abenteuerliche Geschichten aus seinem Leben. War der Angriff vorüber, brachte ein Wagen die junge Schauspielerin zurück in ihre Wohnung. Vier Stunden später stand sie im Atelier wieder vor der Kamera.

Dr. Hanns C. Schroeder-Hohenwarth war 1944 24 Jahre alt, als er schwer verwundet aus der Wehrmacht entlassen und im Auswärtigen Amt dienstverpflichtet wurde. Um den Jahreswechsel 1944/45 hat ihn das Ministerium einige Male im »Adlon« untergebracht.

»Es war natürlich ein hochrenommiertes Haus, ein Grandhotel alter Art.« Schon beim Betreten des Hauses, im Dezember 1944, beeindruckten ihn die große Halle, der Marmor und die schönen Teppiche. »Im Januar 1945 lagen, wenn ich mich recht erinnere, die Teppiche nicht mehr. Da war alles etwas karger, etwas nüchterner geworden. Es gab Heizungsprobleme, Fenster waren kaputt, teilweise zugemauert oder mit Pappen zugenagelt. Und es waren viele Soldaten da. Man sah Feldmarschälle, Generale, die die Halle des ›Adlon‹ wohl als einen Treffpunkt vereinbart hatten. Ich sah kein elegantes und feudales Publikum, wie es dort sicher früher verkehrte. Es war Krieg, und es herrschte Untergangsstimmung. Man wußte Ende '44, Anfang '45, daß es nur noch eine Frage der Zeit war.«

Zu dieser Zeit arbeitete Hannelore Plötz in der Telefonzentrale des »Adlon« als Lehrling: »35 Mark im Monat war das Gehalt. Aber man konnte ja sowieso nichts kaufen. Deswegen bekamen wir von unseren Gästen das Trinkgeld meist in Naturalien, das waren manchmal die unmöglichsten Sachen: Hutstumpen, also rohe Hüte, Gablenzer Schmuck, Ölsardinen, Bücher. Jeder, der irgendetwas fabriziert hat oder mit einer Ware handelte, gab etwas davon als Trinkgeld. Darunter war aber auch mal ein Pfund Tee für die Telefonzentrale vom Fürsten Bismarck, Herr Reemtsma versorgte uns großzügig mit Zigaretten. Und immer, wenn ich abends um elf nach Hause kam, war die Familie gespannt, was ich heute wieder mitbrachte. Das war aber nicht das Eigentliche, was mich an der Arbeit reizte, es war die gesamte Atmosphäre. Wenn man reinkam und die Tür hinter sich zugemacht hat, war irgendwie Ruhe auch noch Ende 1944, als die Angriffe nun tagtäglich Berlin trafen. Im Hotel war die Stimmung ruhig und ausgeglichen, so wie unser Chef es auch war. Louis Adlon, seine ganze Persönlichkeit und sein Auftreten – nicht nur den Gästen gegenüber – haben mich sehr beeindruckt. Wenn wir für ihn ein Gespräch geholt haben – und das war in diesen Zeiten ja nicht immer einfach – rief er meistens hinterher an, hat sich bedankt, und wir durften uns am Abend eine Flasche Wein in der Weinhandlung abholen. Und das war im Krieg ja viel.«

Je näher der Krieg rückte und die Luftangriffe auf Berlin zunahmen, desto mehr wuchs den Telefonistinnen auch eine neue Aufgabe zu.

»Wenn die Bomber beispielsweise vor Hannover waren, bekamen wir telefonisch einen Voralarm durchgegeben. Dann wurden bei uns der Empfang, die Maschinenzentrale, die Restaurants und natürlich die Adlons unterrichtet. Nebenbei, meiner Familie habe ich natürlich auch eine Nachricht zukommen lassen. Woher der Voralarm kam, weiß ich nicht, aber wir waren nicht die einzigen, die vorab unterrichtet wurden. Wir hatten ja einen Bunker unter dem Pariser Platz, der von allen Gästen benutzt werden konnte, und ich selber bin auch dort mit runter gegangen. Es spielte keine Rolle, ob da der General sowieso neben dem Zimmermädchen stand.«

Trotz der schlechten Zeiten, in denen sie im »Adlon« arbeitete, ist Hannelore Plötz das Haus immer noch in guter Erinnerung.

»Korpsgeist ist vielleicht nicht der richtige Ausdruck, aber es war schon etwas Besonderes, im ›Adlon‹ zu arbeiten. Jeder fühlte sich für alles im Haus verantwortlich. Erst kam die Arbeit, der Gast, und dann erst das Persönliche. Es ist auch schon mal vorgekommen, daß wir zwei oder drei Schichten übernommen haben. Ich habe einmal 23 Stunden hintereinander gearbeitet, weil keine Ablösung kam, aber es ging ja nicht, daß die Telefonzentrale geschlossen wurde.«

Auch an einige Gäste erinnert sich die damalige Telefonistin heute noch.

»Herr Neckermann war unser bester Kunde in der Telefonzentrale. Er führte stundenlange Blitzgespräche in der Nacht. 400-500 Telefongebühren waren gar nichts. Herbert von Karajan und seine Frau besuchten das ›Adlon‹ oft. Sie besaß sehr schicke Pelzmäntel. Doch wenn sie ins Restaurant ging, wollte sie den Pelz nicht im Zimmer lassen oder an der Garderobe abgeben. Dann kam sie damit in die Telefonzentrale. Bei Fliegeralarm sind wir mit ihrem Pelzmantel in den Bunker marschiert. Zu den Gästen zählten darüber hinaus ein Prinz von Preußen, ein Fürst Bismarck, aber auch Leute von der SS, aus München, wohl von der Parteileitung. Bei uns übernachteten der Großmufti von Jerusalem, japanische Journalisten, Gutsbesitzer, Fabrikanten. Mitte April reisten die Gäste dann verstärkt ab. Wer zum Schluß noch dageblieben ist, weiß ich nicht, aber das Haus war noch offen.«

Der letzte Arbeitstag von Hannelore Plötz fiel auf den 20. oder 21. April 1945. So genau weiß sie es nicht mehr.

»Ich habe das ›Adlon‹ jedoch nicht mit dem Gedanken verlassen, so, jetzt ist alles zu Ende. Im Gegenteil, am übernächsten Tag wollte ich ja wieder meinen Dienst antreten. Deshalb habe ich mir auch kein Souvenir mitgenommen. Ich hätte alles geglaubt, aber nicht, daß dies mein letzter Arbeitstag im ›Adlon‹ sein würde. Es war ein Freitag, und am Samstag begann der Beschuß in den Außenbezirken. Meine Mutter und ich hatten uns geeinigt, daß sie den ganzen Sonnabend Dienst machte, und ich hätte dann den ganzen Sonntag übernommen. Wir wohnten in der Schönhauser Allee, in der Nähe von Pankow. Meine Mutter kam am Sonnabend gegen 18.00 Uhr bei uns zu Hause an und hatte einen Nervenzusammenbruch. Sie ist nämlich von den Linden bis zu uns unter vollem Beschuß gelaufen, über Tote und Verwundete gestolpert und hat es gerade noch so geschafft. Meine Mutter ist nur nach Hause gekommen, weil zwei andere Telefonistinnen kamen, die sich im ›Adlon‹ sicherer fühlten als zu Hause. Und da konnte meine Mutter gehen. Am Sonntag, als ich eigentlich meinen Dienst antreten wollte, lagen wir unter vollem Beschuß. Am Montag waren die Russen auch schon bei uns in der Straße. Und es gab keine Möglichkeit, das Haus zu verlassen. Über acht Tage ging es hin und her. Und wir waren zufrieden, daß wir im Keller sitzen konnten.«

Auch Walter Storz, der ehemalige Empfangschef, erinnert sich noch genau an seinen letzten Tag im »Adlon«.

»Am 20. April 1945 kam ein Gast mit schneeweißem Gesicht ins Hotel und sagte: ›Jetzt ist eine Granate am Potsdamer Platz explodiert. Was soll ich machen?‹ Ich sagte: ›Koffer packen und abreisen.‹ Was hätte ich ihm sonst raten können. Für mich war auch die Zeit gekommen, nach Hause zu gehen. Ich bin zu Herrn Adlon ins Büro gegangen und habe mich mit den Worten verabschiedet: ›Ein Gast hat mir gesagt, eben sei die erste Granate am Potsdamer Platz explodiert. Ich verabschiede mich jetzt, gehe nach Hause, und nach dem Krieg sehen wir uns wieder.‹« Das war das letzte Mal, daß Herr Storz seinen Chef sah. Zu diesem Zeitpunkt war das Hotel noch vollkommen intakt. »Es war alles in Ordnung. Keine Fensterscheibe war kaputt, die Teppiche lagen, Warm- und Kaltwasser liefen, die Telefonzentrale war besetzt. Noch zwölf Gäste waren im Haus.« Herr Storz erlebte das Kriegsende im Keller seines Hauses in der Nähe des Kurfürstendamms. Das »Adlon« hatte sich zu diesem Zeitpunkt in ein Lazarett verwandelt.

»Dies muß nach dem 20. April passiert sein. Ich erinnere mich, daß Kollegen und meine Wenigkeit mit Herrn Adlon schon im Dezember 1944 darüber gesprochen haben, was wir machen, wenn … Und da hat's geheißen, daß wir das Haus nur retten können, wenn es als Lazarett gemerkt wird. Wir haben natürlich gehofft, daß Molotow und die anderen sowjetischen Politiker, die das ›Adlon‹ und auch Herrn Adlon kannten, schützend die Hand über das Hotel halten. Aber es kam natürlich ganz anders.«

Einer, der das Kriegsende im »Adlon« erlebte, ist Dr. Walter Schmid. Als Mitarbeiter des Auswärtigen Amtes kannte er das Hotel. Bis 1941 war er an der deutschen Botschaft in Moskau. Nach dem Überfall auf die Sowjetunion wurde er zusammen mit seinen Kollegen interniert und auf dem Umweg über die Türkei gegen die sowjetischen Diplomaten in Berlin ausgetauscht. Bei ihrer Ankunft in Deutschland haben die Heimkehrer einige Tage im »Adlon« gewohnt. Bei Kriegsende war er als Flak-Offizier in Berlin am Landwehrkanal eingesetzt. Durch sowjetische Granatsplitter verletzt, suchte er Hilfe. Ein Lastwagen nahm ihn mit und setzte den Verletzten am Potsdamer Platz ab. Von dort war es nur noch ein kurzer Weg bis zum Auswärtigen Amt. Während die Rote Armee immer weiter auf die Stadtmitte zustieß, versah ein Pförtner treulich seinen Dienst, den Walter Schmid noch aus besseren Tagen kannte.

»›Ist ja gut, daß einer von den Herren heute noch gekommen ist.‹ Doch als er meine Verletzungen sah, riet er mir, ins ›Adlon‹ zu gehen. Da sei jetzt ein Lazarett eingerichtet. Das war am 26. April. Als ich vor dem ›Adlon‹ ankam, war das Hotel noch völlig intakt, nur die Fenster im Parterre waren zugemauert und die Hotelhalle künstlich beleuchtet. Vor der Eingangstür war nach meiner Erinnerung eine Betonwand als Splitterschutz aufgestellt, und linker Hand saß ein Feldwebel, der registrierte, wer rein- oder rausging. In der Bar hatte man Krankenbetten für die Offiziere aufgestellt. Sonst waren überall Unteroffiziere und Soldaten untergebracht. Das Haus war voll. Als ich dann verbunden war und zu meiner Einheit zurückwollte, riet mir der Feldwebel am Eingang zu bleiben. ›Herr Leutnant, das hat doch gar keinen Sinn. Jeder Quadratmeter im Tiergarten steht unter Beschuß. Bleiben Sie lieber hier, wir haben ein paar Betten frei, und außerdem sind Sie verwundet.‹ Da bin ich geblieben.«

So wurde Walter Schmid zu einem der letzten »Gäste« des »Adlon«. Und denen ging es, wie er sich erinnert, den Umständen entsprechend gut, während um das Hotel herum der Kampf um Berlin entschieden wurde.

»Da gab es noch die Wehrmachtsverpflegung, und die war ja reichlich. Aus der Reichskanzlei kamen fünfzehn-, sechzehnjährige Jungs und haben uns über die Geschehnisse draußen berichtet. Da hieß es, die Armee Wenk sei auf dem Anmarsch, um uns zu befreien. Ein andermal waren von Norden her Marinetruppen unterwegs, bis der Leiter des Lazaretts zu den Verwundeten ging und uns sagte, daß die Kämpfe eingestellt worden und morgen früh die Russen da seien. Dann kriegte jeder noch eine Büchse mit Fleisch und eine Flasche Rotwein vor sein Bett gestellt und wartete ergeben die Nacht über, was passieren würde.«

Am 2. Mai in der Frühe war es dann soweit. Ein Hauptmann der Roten Armee nahm die verletzten Soldaten im »Adlon« gefangen. »Der marschierte durch und hatte als Dolmetscher einen Sekretär der Schweizer Botschaft bei sich. ›Woina kaputt, Gitler kaputt, skoro domoi!‹, erklärte der Offizier auf russisch, und der Schweizer übersetzte: ›Krieg kaputt, Hitler kaputt, bald nach Hause!‹

Hofansicht der Ruine

Rückfront des zerstörten Hotels

Der zerstörte Ballsaal

Blick aus einem Fenster der Hotelruine

Zunächst einmal waren die Verwundeten im »Adlon« erleichtert über die unerwartet ruhige und sachliche Art der Gefangennahme. Alles lief weiter wie bisher.

»Die Verwundeten wurden von unserem Sanitätspersonal versorgt, die sich auch um Verpflegung und Betreuung kümmerten. In der Nacht gab es große Aufregung und Hilferufe. In den Krankenräumen befanden sich Soldaten, Offiziere, Zivilisten, Volkssturmangehörige, Rotkreuzschwestern, alte und junge Menschen. Frauen und Mädchen, die sich zu ihrer größeren Sicherheit, auch wenn sie nicht Krankenschwestern waren, Armbinden und Abzeichen des Roten Kreuzes besorgt hatten, kamen voller Angst und Entsetzen in unseren Raum gestürzt und erzählten aufgeregt, daß russische Soldaten ihnen nachstellten und daß es bereits eine ganze Reihe von Vergewaltigungen gegeben habe. Im weiteren Verlauf der Nacht blieb alles ruhig.«

Es sollte die letzte Nacht des »Adlon« sein. Und Walter Schmid war dann auch dabei, als das »Adlon« brannte. Von allen Augenzeugen, die wir fanden, ist er der einzige, der sich an ein genaues Datum erinnern kann. Amtliche Unterlagen darüber gibt es nicht. Nach seiner Erinnerung begann der Brand in der Nacht vom 2. auf den 3. Mai 1945. »Am 3. Mai früh haben wir einen Brandgeruch bemerkt, und dann hieß es auch schon bald, daß wir das Haus verlassen müßten. Erst hat man uns nur in die Gänge des Hotels gelegt, aber als der Qualm immer stärker wurde, hat man uns auf die Straße rausgetragen. Ich konnte wegen eines Splitters im Bein zu diesem Zeitpunkt schon nicht mehr laufen.« Der Brand entwickelte sich so langsam, daß alle Verwundeten evakuiert werden konnten. Unter den deutschen Soldaten herrschte völlige Verwirrung und Panik. Latrinenparolen machten die Runde: Alle Offiziere würden erschossen. Aber auch die Russen waren hochgradig nervös. Das zeigte sich bei folgendem Zwischenfall.

»In einem der oberen Stockwerke des ›Adlon‹ war ein medizinisches Labor untergebracht. Und als durch den Brand die Flaschen mit Spiritus oder ähnlichem explodierten, fingen die Russen sofort an, ›Sabotage, Sabotage!‹ zu krakelen und ballerten mit ihren Maschinenpistolen. Ich war in großer Sorge, denn wir Verwundeten lagen ja alle hilflos auf der Straße.« Bis ca. 22.00 Uhr habe er vor dem Hotel gelegen und alles beobachtet. »Es war Zeit genug, auch die Schwerverwundeten zu retten. Nachher kam sogar noch Sanitätspersonal aus dem ›Adlon‹ heraus, manche von ihnen waren von der SS. Die hatten sich Zivilklamotten beschafft und dann abgesetzt. Auf die Kerle waren wir furchtbar wütend, denn statt zu helfen sahen sie die Chance, davonzukommen.«

Walter Schmid gehörte zu den Letzten, die man abtransportierte. Auf einer Schubkarre wurde er in die nahegelegene Reichskanzlei gebracht. Von dort trat er den Weg in die Gefangenschaft an. Als Mitarbeiter des Außenministeriums gehörte er auf Beschluß der Alliierten einer verbrecherischen Organisation an und wurde verurteilt. Erst zehn Jahre später, 1955, kam er mit den letzten Gefangenen frei und durfte nach Hause.

Walter Storz, der letzte stellvertretende Empfangschef des »Adlon«, wartete das Ende der Kämpfe in Berlin ab und machte sich dann auf den Weg zu seinem alten Arbeitsplatz.

»Am 8. Mai habe ich mich von meiner Wohnung zu Fuß aufgemacht, um nach dem ›Adlon‹ zu schauen. Ich trug zu meinem Schutz eine Armbinde mit dem Schweizer-Kreuz. Die Russen, die im

Tiergarten lagen, hielten mich für einen Doktor. Als ich zum Hotel kam, war es bereits komplett abgebrannt. Beim Anblick der Ruine habe ich geheult. Vom Personal traf ich nur noch den Maschinenmeister, der den Brand miterlebt hatte. Leider habe ich seinen Namen vergessen. Am Personaleingang in der Wilhelmstraße hätten sechs Russen das Scherengitter mit einer Handgranate aufgesprengt und seien über den Hof in den Weinkeller eingedrungen, berichtete er. Dort hätten sie angefangen zu trinken, und einer soll seine brennende Zigarette in die Holzwolle geworfen haben, die zur Verpackung im Weinkeller lagerte. Der Maschinenmeister sagte, er hätte versucht zu löschen, doch die betrunkenen Russen hätten ihn bedroht, und er habe die Flucht ergriffen. Und dann habe das Hotel angefangen zu brennen.«

Bis heute gibt es keinen eindeutigen Beweis dafür, daß das »Adlon« wirklich auf diese Weise in Brand geriet. Der Maschinenmeister, an den sich auch Frau Plötz, die Telefonistin, erinnert, scheint aus heutiger Sicht der einzige Augenzeuge gewesen zu sein. Über fünfzig Jahre sind seitdem vergangen. Andererseits gibt es auch keine stichhaltigen Indizien, die dieser Legende widersprechen. Halten wir uns also daran, daß das Hotel »Adlon« am 3. Mai 1945 unter nie ganz geklärten Umständen bis auf die Grundmauern niederbrannte.

Das ganze Hotel? Nein! Ein kleiner Teil des Hotels – und das ist heute weitgehend vergessen – hat den Krieg und den Brand überstanden.

Pariser Platz mit Brandenburger Tor, im Vordergrund die Mauer, am rechten Bildrand die Reste des Hotel »Adlon«, um 1975

»Auferstanden aus Ruinen ...« Das »Adlon« im »Demokratischen Sektor«

Das Deutsche Reich hatte bedingungslos kapituliert, seine Hauptstadt Berlin lag in Trümmern, und die vier Siegermächte hatten die Macht übernommen. Schon auf der Konferenz von Jalta, im Februar 1945, hatten Roosevelt, Churchill und Stalin die Aufteilung der Besatzungszonen beschlossen und entschieden, welchen Sektor Berlins jede Siegermacht erhalten sollte. Und so blieb der Pariser Platz, und mit ihm die Reste des »Adlon«, Teil des sowjetischen Sektors, der sich bald in der Propaganda des kalten Krieges »Demokratischer Sektor« nennen sollte.

Ein amerikanischer Offizier hat damals gefilmt, wie er mit dem Jeep durch das Brandenburger Tor auf den Pariser Platz fuhr. Dort, wo einst die Linden den Anfang des Pracht-Boulevards markierten, grüßte im Sommer 1945 nun ein Porträt Stalins, und rechts davon entdeckte die Kamera die rußgeschwärzten Mauern eines Gebäudes, an dem die Buchstaben »dlon« über dem Eingang an das einstige Luxushotel erinnerten.

Doch bald begann sich dahinter neues Leben zu regen. Bescheiden, sehr bescheiden begann im August 1945 im Seitenflügel hinter den Ruinen der Häuser Wilhelmstraße 70a und 70b ein Hotelbetrieb. Die Zeitung *Der Bär* wußte am 16. August 1945 zu berichten: »Die letzte Stunde des Krieges wurde scheinbar auch dem international bekannten Hotel Adlon zur letzten Stunde, das festgemauert Unter den Linden so lange allen großen Bombenangriffen getrotzt und in seiner Halle noch etwas von dem Parfüm früherer Zeiten bewahrt hatte. Brand zerstörte die obersten Stockwerke. Der Besitzer und Kavalier seiner Gäste, Louis Adlon, erlag im Mai einem Herzschlag.

Doch die Initiative hat auch hier eine Notlösung zu finden gewußt. Sechzehn Zimmer im hinteren Gebäudekomplex sind wieder bewohnbar und mit den Akzenten des ehemaligen Luxus bedacht. Im Restaurant kann wieder ein kleiner Kreis von Menschen essen, dem die Zuvorkommenheit des alten Personals die Speisen zu kandieren weiß.«

Mag die Angabe über die Art des Todes von Louis Adlon auch der Zeit geschuldet sein, ein wichtiger Schritt zur Wiedergewinnung war scheinbar getan. Der *Nacht-Express*, eine Berliner Tageszeitung der Nachkriegszeit, schrieb am 10. Dezember 1945: »Von 40 Betten will man auf 75 kommen. Von den zahlreichen großen Hotels, die mit dazu beitrugen, den Ruf der Weltstadt Berlin über Länder und Meere hinauszutragen, sind heute eigentlich nur noch die Namen geblieben, wie Adlon, Bristol, Esplanade, Eden, Excelsior. Das Hotel Adlon hat den schüchternen Versuch gemacht, wieder aufzumachen, ganz klein und bescheiden: Es stellt heute 40 Betten auf 36 Zimmern seinen Gästen zur Verfügung. Aber was hier aus primitivsten Mitteln heraus geschaffen

Der vermauerte Haupteingang des Hotels

wurde, das verdient nicht nur volle Anerkennung, sondern trägt auch sein gut Teil zu dem Aufbauwillen der Weltstadt Berlin bei. Die Drehtür Unter den Linden, durch die einst die Berühmtheiten der Welt gingen, sie dreht sich nicht mehr, sie ist überhaupt verschwunden, und man muß den Eingang zum Hotel Adlon heute in der Wilhelmstraße suchen, wo es dann über die üblichen Hinterhöfe, unvermeidlichen Trümmerstätten zu beiden Seiten, in das Hotel Adlon führt.«

»Klassenkämpferisch« gab sich der *Tagesspiegel*, der in einem mit »T« signierten Kommentar von Imperialismus und Annektionsprogramm schrieb, die mit diesem Hotel verbunden waren. Wegen des sich hier ausdrückenden Zeitgeistes sei aus dem Artikel zitiert: »Glanz, Pracht und Wohlbehagen haben die Flammen verzehrt, geblieben sind die Erinnerungen an eine Vergangenheit, da Diplomaten, Konzern- und Trust-Könige, Bankfürsten, ordenübersäte Generale, schmucküberladene Frauen durch strahlend erleuchtete Säle und Hallen und Gänge schritten. Erinnerungen an die Begegnungen, Beratungen, Verhandlungen zwischen Wirtschaftsführern, Politikern, Militärs. Erinnerungen an eines der dunkelsten Kapitel deutscher Geschichte, das im Hotel Adlon aufgeschlagen wurde: Hier, an blumengeschmückten Tischen, versammelten sich vor 30 Jahren, im Februar 1916, deutsche Industriemagnaten, Finanzherren und dem Imperialismus willfährige Wissenschaftler, um jenes Eroberungsprogramm (Annexion Belgiens, weitere Gebiete Frankreichs und Rußlands) zu verkünden, das nach der Wiederaufrichtung des Militarismus von Hitler übernommen und erweitert wurde: ein Bissen, an dem der Söldner derselben Großkapitalisten erstickt ist. Und beinah wäre dem Hotel die zweifelhafte Ehre zuteil geworden, die dem ›Kaiserhof‹ widerfuhr: Es sollte die Residenz des »Führers« und seiner Spießgesellen werden, da machte man die schreckliche Entdeckung, daß – wie entsetzlich – Lorenz Adlon ein Jude gewesen und einmal Louis Adler geheißen haben soll.«

Der Autor macht nicht den Fehler, den Ort mit der Handlung zu verwechseln, und endet in einem damals sehr beliebten Gleichnis mit den Worten: »Fort ist dieses Adlon, es blieb ein kleines, sauberes Hotel.« Tatsächlich gab es vor 1933 kurzfristig das Gerücht über eine angeblich jüdische Herkunft Adlons, das wohl aus Konkurrenzgründen in die Welt gesetzt worden war. Aber auch das war mittlerweile Geschichte. Eine andere Zeit hatte begonnen, und mit ihr kamen auch andere

Die Ruine des Hotel »Adlon«, Stalin wendet ihr den Rücken zu, um 1946

Gäste ins »Adlon«. Schon kurz nach der Eröffnung wurde hier im November 1945 ein nahezu vergessenes, kleines Kapitel deutscher Filmgeschichte geschrieben. Nach dem Willen der Siegermacht Sowjetunion sollte die deutsche Filmproduktion möglichst schnell wieder in Gang kommen. Stalin hatte darum schon Ende Oktober 1945 die Genehmigung für eine deutsch-russische Filmproduktionsfirma erteilt. Um darüber zu beraten, erging die Einladung ins »Adlon«. Am 22. November 1945 trafen sich dort 36 Personen. Einige der Namen sind auch heute noch prominent: Hans Fallada, Friedrich Wolf, Günther Weissenborn, Wolfgang Staudte oder Boleslaw Barlog. Einer von ihnen, Prof. Dr. Kurt Maetzig, sollte von nun ab aufs engste mit der im Mai 1946 offiziell gegründeten DEFA verbunden sein. Bei »Ehe im Schatten«, dem DEFA-Klassiker von 1947, führte er Regie, für »Thälmann – Schn seiner Klasse« lobte ihn seine Partei, die SED, in den 50er Jahren; »Das Kaninchen bin ich« stellte sie jedoch 1965 in den Giftschrank, aus dem der Film erst nach der Wende 1990 wieder auftauchte – Ausdruck der wechselvollen Karriere eines deutschen Regisseurs und Kommunisten. Schon an den Vorbereitungen dieses Treffens war Maetzig beteiligt, und er hat eine ganz simple Antwort auf die Frage, wieso ein Unternehmen wie die DEFA ausgerechnet im großbürgerlichen »Adlon« auf Kiel gelegt wurde. »Im ›Adlon‹ gab es eben noch einen benutzbaren, unzerstörten Raum, der in unmittelbarer Nähe der Zentralverwaltung für Volksbildung lag.« Jene hatte auch die Zusammenkunft im »Adlon« organisiert, denn in ihrem Haus, dem ehemaligen Preußischen Kultusministerium in der Wilhelmstraße, war kein Raum. Obwohl Kurt Maetzig aus einer bürgerlichen Familie stammt – der Vater besaß eine Kopieranstalt in Berlin –, hatte er vor diesem Treffen das »Adlon« nie betreten.

»Das ›Adlon‹ war ein Hotel, das zu einer Kategorie gehörte, die ich nie besuchen konnte. Das war außerhalb meines Lebenskreises. So einen Namen sprach man nur mit Ehrfurcht aus, dort verkehrten andere Gesellschaftsschichten. Von dem eigentlichen Hotel war nur ein riesiger Schuttberg übrig. Das ganze Vorderhaus war in sich zusammengestürzt, und irgendwelche Leute hatten einen Weg durch diese Trümmer gebahnt. Der hintere Querflügel stand noch, und dort drinnen sah es immer noch aus wie in einem schicken Hotel, als wäre nichts passiert. Es war ein richtiges Hotel, mit eingerichteten Zimmern, jedoch ohne Vorderteil. Und dieses Hotel hat gearbeitet. Leute aus der Administration haben Zimmer vermietet. Sehr viele Leute kamen damals nach Berlin, um beim Aufbau von Behörden zu helfen, und Hotelraum war daher knapp. Und in diesem Rest-Hotel gab es einen größeren Raum, der vermutlich schon zu Adlons Zeiten für Kongresse und Treffen von Industriellen, eben solchen Leuten, die sich im ›Adlon‹ trafen, bestimmt war. Da war nichts ausgeräumt oder geplündert. Ich war erstaunt. Und in diesem Raum fand unser Treffen statt.«

Neben den schon erwähnten Prominenten oder später auch durch die DEFA prominent gewordenen Künstlern und Filmemachern, nahm auch eine Delegation der sowjetischen Militäradministration unter Leitung des Leiters der Abteilung Propaganda und Information, Oberst Tulpanow, teil. Sie diskutierten darüber, wie die am Boden liegende Filmproduktion wieder flott zu kriegen sei und welchen Inhalten man sich besonders widmen wolle.

»Es ging nach meiner Erinnerung hauptsächlich um zwei Dinge: 1. Man braucht wieder Film; vom Dokumentarfilm und der Wochenschau bis hin zum Spielfilm. Der Film wird für den Aufbau gebraucht, und 2. besprachen wir, wie dieser neue deutsche Film aussehen sollte. Es war allen klar, daß nicht nur eine reine Unterhaltungsfilmproduktion aufzubauen war, sondern daß der Film irgend etwas zu tun haben würde mit der neuen Richtung, die die Gesellschaft im Ganzen einschlagen müßte.«

Es war dies eine Zeit des geistigen Aufbruchs, in der viele Deutsche – übrigens auch in Westdeutschland – im Sozialismus die einzige Rettung vor Elend und Krieg sahen. So ist diese nahezu unbekannte Sitzung im »Adlon« die eigentliche Geburtsstunde der später so berühmten DEFA gewesen.

Die Wiedereröffnung des »Adlon« hat die DEFA nicht mehr erlebt. Am 14. Januar 1994 verschwand der Name aus dem Handelsregister.

Und noch eine andere Episode sei an dieser Stelle erwähnt. Erlebt hat sie 1948 ein junger Mann, noch nicht einmal zwanzig Jahre alt, aber bereits ein aufstrebender Lyriker, der einem Dramatiker oder Stückeschreiber, wie Bertolt Brecht sich selber nannte, bei einem Berlin-Besuch die Aufwartung machte. Günter Kunert hieß der junge Mann, der sich in den folgenden Jahrzehnten in Ost- und Westdeutschland einen Namen machte und in einem kurzen Aufsatz über seine Anfänge berichtete. Dazu gehörte auch dieser für ihn wichtige Termin im »Adlon«. Sicherheitshalber hatte er sich zuvor mit einer Taschenflasche Wodka versorgt und gestärkt.

»Die Hotelrezeption glich einer lange nicht mehr renovierten Höhle, behaust von einem Troglodyten hinter dem Tresen. Ich erfuhr die Zimmernummer, stapfte die Treppe aufwärts und

Hoteleingang von der Wilhelmstraße aus, um 1952

erreichte, nach einer weiteren Stärkung, die bezeichnete Tür. Kaum hatte ich die Hand gehoben, um vorsichtig anzuklopfen, öffnete sie sich wie durch Magie von selber, und heraus trat Theo Lingen. Damit hatte ich nicht gerechnet. Ich war verblüfft. Über die etwas verzwickten Familienverhältnisse Brechts wußte ich nicht Bescheid. Lingen hatte, man hörte später davon, Brechts erste Frau, die Opernsängerin Jutta Zoff, geheiratet und sie damit vor der Deportation gerettet. Auch hatte Lingen Brechts Tochter, die nachmalige Schauspielerin Hanne Hiob, adoptiert – ergo: ein anständiger Mann.

Für einige Sekunden entgrenzten sich Film und Realität, wozu sicherlich auch der Wodka beitrug. Ich starrte Lingen nach, ungläubig, ihm wirklich begegnet zu sein, und als ich das Gesicht erneut zur Tür wandte, stand Brecht dort, fragte nach Namen und Begehr und ließ versehentlich seinen Kugelschreiber fallen. Unter vielen Entschuldigungen, als habe er mir damit einen Tort angetan, bückte er sich und hob den Stift auf. Dann bat er mich ins Zimmer. Am Tisch saß Helene Weigel, aber auf dem Tisch, was mir noch mehr Eindruck machte, häuften sich amerikanische Lebensmittelkonserven: Ich kam mir vor wie in einer Schatzkammer. Unter wahrscheinlich wirren Erklärungen reichte ich dem Rückkehrer mein Manuskript, wofür er sich mit einer mich in Verlegenheit stürzenden Liebenswürdigkeit bedankte, als habe er seit Jahren auf das Päckchen gewartet und jetzt, im Moment der Entgegennahme, durch die Berührung mit der Hand auf telepathischem Wege die außerordentliche Qualität dieser Gedichte bereits zur Kenntnis genommen. Jedenfalls gab er diesen Anschein, woraufhin er mich, den aufgeregten Anfänger, entließ. Beim Abstieg zum Empfang zog ich erneut mein Fläschchen hervor, nahm einen Beruhigungsschluck und noch einen und wurde draußen auf der Straße von einem mäßigen Schwindel befallen.«

Wer der Initiator des Neubeginns war, bleibt unklar. Hedda Adlon berichtet in ihrem Erinnerungsbuch nicht darüber, und in den damaligen Zeitungen wird ihr Name auch nicht erwähnt. Der *Tagesspiegel* nennt als Besitzer im Jahre 1950 einen Georg Behlert, der »das im Kriege fast völlig ausgebrannte Haus wieder zu einem der größten des Sowjetsektors gemacht hat«. Am 3. Januar 1950 konnte man eine positive Bilanz ziehen. Nach Presseberichten hatten im Jahre 1950 über 11 200 Gäste das Hotel genutzt und dabei rund 28 000 Übernachtungen gebucht: »Seit Wiedereröffnung des Hotels im Juli 1945 haben über 35 000 Besucher mehr als 80 300mal übernachtet. Es sind jetzt wieder 100 Betten vorhanden. Für 1950 sind die Fertigstellung des Konferenzsaals für 300 Personen und die Einrichtung von 30 weiteren Hotelzimmern mit 50 Betten vorgesehen. Das Hotel beschäftigt 70 Angestellte.«

In das Konzert freundlicher und freudiger Pressestimmen, die den Wiederanfang im »Adlon« begrüßten und ihm Sympathie entgegenbrachten, mischten sich aber auch kritische und harsche Stimmen. Einer soll Gehör gegeben werden. Ein ausländischer »Kulturschaffender« beschwerte sich über die hohen Preise, fehlende Handtücher und mangelnde sanitäre Einrichtungen. Das *Neue Deutschland*, Zentralorgan der SED, veröffentlichte am 17. Dezember 1949 darauf einen Leserbrief von Alfred Weiß aus Berlin-Lichtenberg: »Mit Befremden habe ich von den Nepp-Preisen gelesen, die das Hotel Adlon von seinen ausländischen Gästen fordert, die mit einstigem Komfort begründet werden, der aber in Wirklichkeit gar nicht vorhanden ist. Der Gast bezahlt praktisch nur den Namen des Hotel Adlon. Man kann sich gut vorstellen, welchen Eindruck solche Machenschaften unseren Gästen gegenüber im uns befreundeten Ausland auslösen. Darum muß strengste Kontrolle über die Preiskalkulation gefordert werden, ...«

Im Hintergrund und von der Öffentlichkeit kaum beachtet, gab es einen Streit um den Besitz, genauer, um die Eintragung des Besitzers in den Akten. Vermutlich bemühte sich Hedda Adlon um die Wiederbelebung des Hotel »Adlon«. Am 5. April 1947 beantragte sie beim Amtsgericht Berlin-Mitte die Eintragung als befreite Vorerbin und hoffte, damit die freie Verfügung über den Nachlaß ihres Mannes zu erhalten. Als Nacherben »auf dasjenige, was beim Eintritt der Nacherbefolge übrig sein wird, sind die Kinder des Erblassers aus erster Ehe:

a.) Journalist Louis Adlon

b.) Kaufmann Lorenz Adlon

c.) Kaufmann Carl Walter Adlon

d.) Fräulein Susanne Adlon und

e.) Fräulein Elisabeth Adlon« eingetragen.

Dagegen legte die Behörde Einspruch ein, da damit die Kinder benachteiligt wurden. Der Rechtsanwalt von Hedda Adlon stellte dagegen am 29. Juni 1947 fest: »Sie kann mit dem Grundstück machen, was sie will. Wenn sie es verkauft, bekommen die Nacherben das Grundstück nicht. Sie haben also kein Recht auf das Grundstück.«

Im Verlauf des Rechtsstreites wurde auch der Wert des Grundstücks festgelegt. Er betrug am 2. Oktober 1947 »unter Berücksichtigung der vorhandenen Kriegsschäden 22 916 900 RM«, immer noch ein beachtlicher Besitz. Ein weiterer Streit erübrigte sich. Am 14. Dezember 1950 erfolgte auf Grund des Gesetzes des Magistrats vom 8. Februar 1949 über Enteignungen von Grundstücken, die für den Wiederaufbau vorgesehen waren oder die in die Wiederaufbauplanung einbezogen werden sollten, die entschädigungslose Enteignung und Überführung in das »Eigentum des Volkes«. Damit war auch rechtlich der Abgesang für diesen stolzen Bau eingeläutet; die Abrißkolonnen begannen ihre Arbeit an dem Komplex zur Straße Unter den Linden. Der Seitenkomplex blieb erhalten und wurde weiter benutzt. Das sollte aber – zumindest gedanklich – noch nicht das Ende des Hotel »Adlon« sein.

Ein Jahr später gab es im damaligen Ost-Berlin Pläne, ein neues, »sozialistisches Stadtzentrum« zu schaffen. Im Sommer 1950 lag ein erster Entwurf des Plans über die Raumverteilung am Pariser Platz vor. Er war von der Abteilung Städtebau des Instituts für Städtebau und Architektur ausgearbeitet worden, der Architekt Kurt Liebknecht war vermutlich federführend. Am 6. April 1951 wurden die Grundstückseinteilungspläne noch einmal beraten und verabschiedet. Die Zuordnung von Grundstücken an spätere, mögliche Nutzer lautete:

Pariser Platz Nr. 2	Botschaft
Pariser Platz Nr. 3	Deutsche Akademie der Künste
Pariser Platz Nr. 4	Hotel Adlon
Pariser Platz Nr. 5	Botschaft
Pariser Platz Nr. 6	Botschaft
und	
Unter den Linden Nr. 1	ZK der SED.

Vom alten Glanz des bürgerlichen und einst kaisertreuen »Adlon« wollte auch das neue System profitieren. Mußte Kaiser Wilhelm II. noch die ganze Straße Unter den Linden abfahren, wollte Wilhelm Pieck zu Fuß ins »Adlon« gehen können.

Hochfliegende Pläne von Partei und Staat! Offensichtlich war vorgesehen – auch hier unter Weiternutzung eines eingeführten Namens –, diesem Hotel eine besondere Repräsentationsfunktion für die Regierung der DDR zuzuweisen. Am 16. Mai 1951 schlug die Stadtplanungskommission – ein Beratungsorgan von Architekten für die Stadtplanung – den »Neubau Hotel Adlon für 17 Mio.« vor. Zur Begründung wurde am 26. Mai darauf verwiesen, daß in Ostberlin nur noch 2 200 Hotelbetten zur Verfügung stünden, davon ca. 1 700 in privaten, ca. 180 in städtischen Hotels, 120 in Gästehäusern und 200 in einem Intourist-Hotel. Nur 50 »genügen den Anforderungen«. Am 25. September folgte dann der Beschluß: »Mit dem Aufbau des Hotel Adlon wird 1951 begonnen.« Ankündigungen, von denen nur die Vorbereitungen, der Abriß der Ruine, verwirklicht wurden.

Hedda Adlon hat in ihrem Buch festgehalten: »Das einstige Adlon existiert nicht mehr. Was unter diesem Namen in Berlin noch steht, ist der notdürftig zusammengeflickte Rest einer Ruine, aus dem die Ostberliner Behörden eine Art von amtlichem Übernachtungsheim gemacht haben.« Sic transit gloria mundi. Eine knappe Notiz über Veränderungen im Handelsregister aus dem Jahre 1960 weist darauf hin, daß die Firma trotz der Enteignung in Ostberlin weiter bestand:

»61 HRA. 18 378 Nz: Hotel Adlon Eigentümer Lorenz Adlon (Berlin-Charlottenburg, Schlüterstraße 54). Die offene Handelsgesellschaft ist aufgelöst. Frau Hedwig – genannt Hedda – Adlon geb. Seithen, Berlin, ist nunmehr Alleininhaberin. Die Prokura des Hans H. Büttner ist erloschen. Die Firma ist geändert in: Hotel Adlon Lorenz Adlon Eigentümer Hedwig – genannt Hedda – Adlon.«

Das »Adlon« aber bestand weiter und bemühte sich – bei allen Widrigkeiten –, einen gewissen Standard zu halten. Obwohl die SED 1952 den Aufbau des Sozialismus verkündet hatte, gab es im »Adlon« weiter Pagen und Hausdiener wie seit Kaisers Zeiten. Einer von ihnen war Hans-Joachim Ullrich, der als Page versuchte, die gleichen Fähigkeiten zu erwerben und den Gästen den gleichen Service angedeihen zu lassen wie seine Kollegen schon vor 1945.

»Ich merkte recht bald, daß ich dort keine optimale Ausbildung erhielt. Zum Glück gab es den Empfangschef, der schon vor dem Krieg im ›Adlon‹ gearbeitet hatte, und in der Schule hatte ich Lehrer, die sich in ihrem Beruf auskannten. Von ihren Erfahrungen und Kenntnissen haben wir profitieren können. Man bemühte sich nach wie vor, die alten Traditionen hochzuhalten – die original ›Adlon‹-Pagenuniformen waren ein äußeres Zeichen dafür. Was die Gäste betraf, so wurden durchaus Unterschiede gemacht. Künstler genossen ein hohes Ansehen bei uns, bei Journalisten sollten wir nicht nur zuvorkommend sein, sondern gleichzeitig darauf achten, nichts Verkehrtes oder Negatives zu sagen. Bei allem blieb die Politik vor der Tür. Wir sind gar nicht erst angesprochen worden. Erst später, als wir ein HO-Betrieb waren, forderte uns die Kaderabteilung wiederholt auf, Mitglied von politischen Organisationen zu werden. Glücklicherweise war die Gastronomie ein Bereich, in dem man leichter von solchen Dingen freigestellt wurde.«

Seinen Ruf als erstes Haus am Platze hatte das »Adlon« nach dem Krieg verloren, zumindest für die Leute aus der Branche, so bestätigt es heute Hans-Joachim Ullrich. »Menschen von außerhalb betrachteten das Hotel immer noch als etwas Besonderes, während es die Angestellten im allgemeinen nicht mehr als Auszeichnung oder Privileg ansahen, dort zu arbeiten. Kaufmännische Lehrlinge oder Kellnerlehrlinge waren viel angesehener, wenn sie im Johannishof oder im Newa arbeiteten, da dort die Prominenz dieser Tage verkehrte. Das ›Adlon‹ hatte seine Spitzenposition eingebüßt, nur der Name erinnerte an die alte Zeit. Der Luxus war dahin, und wenn ein Gast bestimmte Wünsche äußerte, die früher selbstverständlich erfüllt worden wären, dann mußten wir sagen: ›Das können wir nicht.‹« Wie die Kollegen vor ihm, so wurde auch der Page von einst Zeuge von ungewöhnlichen Vorfällen. »Eines Tages traf ein Telegramm bei uns ein, das an Chrustschtow addressiert war. Warum, weiß ich nicht. Ich habe es auf einem Silbertablett in die sowjetische Botschaft gebracht, schließlich wohnte der Politiker nicht bei uns. Der Absender muß jedoch angenommen haben, daß jemand wie Chrustschtow in Berlin im ›Adlon‹ weilt.«

Ansicht des Seitenflügels des Hotel »Adlon«, in dem seit 1945 ein Hotelbetrieb aufrechterhalten wurde, um 1960

Die Lage des Hotels in direkter Nähe zur Sektorengrenze nach West-Berlin schadete, nach Ansicht von Hans-Joachim Ullrich, seiner Entwicklung nicht. »Die Grenze war zu dieser Zeit noch relativ offen. Wir hatten durchaus viele Gäste aus dem Westen; bezahlt wurde in Ost- als auch in West-Währung.« Mit dem 13. August 1961, dem Tag des Mauerbaus, befand sich das »Adlon«, im wahrsten Sinne des Wortes, ›hart an der Grenze«. Der Weg vom Pariser Platz durch das Brandenburger Tor in den Westen und von dort zum einst berühmtesten Hotel der Stadt war den Menschen vom einen auf den anderen Tag versperrt. Mit dem Mauerbau wurden unterirdische Gänge und alte Bunker in Grenznähe für die »Schutz-und Sicherheitsorgane« der DDR besonders interessant. Unbekannte Verbindungen zwischen Ost und West waren schließlich potentielle Fluchtwege, sie wollte man schließen. Wohl aus Angst, im unübersichtlichen Berliner Untergrund ein Schlupfloch zu übersehen, durch das die Republik einen Flüchtling mehr bzw. einen Bürger weniger bekommen könnte, wurde jedem Hinweis, jedem Gerücht, jeder Denunziation nachgegangen. In den Archiven der Staatssicherheit aufgefundene Dokumente beweisen, daß sich die »Organe« auch für den alten Bunker des »Adlon« unter dem Pariser Platz interessierten. Nach dem Mauerbau tauchten angebliche Hinweise auf, daß vom Bunker Ausgänge in Richtung Tiergarten führten. Einer kam sogar von einem Volkspolizisten, der sich genau erinnern wollte, weil »er damals dort als Kind gespielt hat«.

Das abenteuerlichste Dokument der »Adlon-Bunker«-Hysterie datiert aus dem November 1961. Wenige Monate nach dem Mauerbau geriet ein ehemaliger Kellner des »Adlon« unter Verdacht, daß er »durch einen Kellergang vom Hotel ›Adlon‹, Berlin W 8, Wilhelmstr. 70 a, in den Tiergarten gelangt war und sich aus Westberlin Zigaretten geholt hatte«.

Den Beweis, daß sich der Volkspolizist wohl geirrt haben mußte und der Kellner unschuldig war, hatten die »Organe« spätestens 1972 schwarz auf weiß in Händen. Damals wurde der Bunker noch einmal exakt vermessen, und es stand amtlich fest: Alle Zugänge des Bunkers lagen im Osten.

Noch im selben Jahr, 1961, notierte der Portier im Gästebuch die Stuttgarter Adresse eines Gastes. Seine Einreise erfolgte über den Grenzübergang Friedrichstraße, so seine heutige Erinnerung. Er war damals ein unbekannter Redakteur der *Stuttgarter Zeitung*, 27 Jahre alt. Aus dem Luxushotel war inzwischen ein fast normales Hotel geworden. Nur die Lage blieb nach wie vor eine ganz besondere; sowohl Gäste als auch das Personal hatten den freien Blick auf die Mauer. Bei dem jungen Journalisten von damals handelt es sich um Hellmuth Karasek, langjähriger Kulturchef des *Spiegel* und seit Anfang 1997 Mitherausgeber des Berliner *Tagesspiegel* – ein Gast, heute erst recht, nach dem Geschmack des alten »Adlon«. Damals war er dort von seinen Gastgebern einquartiert worden.

»Die Zeitschrift ›Theater der Zeit‹ hatte mich zu einem Ost-West-Dramaturgentreffen eingeladen. Geplant war eine Reise durch die DDR und der Besuch verschiedener Theater. Startpunkt war Berlin, und ich wurde im ›Adlon‹ untergebracht. Diesen Namen verband ich mit dem Glanz der alten Reichshauptstadt. Ich hatte jedoch angenommen, das ›Adlon‹ sei zerstört, und in der Tat: Es war zerstört. Es gab nur den sogenannten Kutschertrakt, in dem früher die Bediensteten wohnten, Anfang der sechziger Jahre sicherlich die herrschaftlichste Absteige der DDR. Hinten heraus blickte man direkt auf die Mauer, die grell angestrahlt war. Das Hotel war dagegen innen wie außen schlecht beleuchtet. Die Atmosphäre erinnerte mich an englische Schwarzweiß-Filme aus den dreißiger Jahren. Man fürchtete, ›Jack the Ripper‹ käme jeden Moment um die Ecke. Die Mauern des Kutschertrakts trugen noch Einschußlöcher, Spuren der Kämpfe um Berlin. Auf den Fluren hat man niemanden gesehen, und ich hatte das Gefühl, ich sei der einzige Gast, vielleicht war ich das sogar. In meinem Gedächtnis bleibt mir ein alter, altmodischer Hotelportier, aber das kann auch ein Trugbild meiner Phantasie sein. Eines ist jedoch gewiß: Die Nachkriegsfolgen waren einem selten so präsent wie hier, in dieser Halbruine, in diesem Niemandsland, an einer Mauer, die die Folge des Krieges war. Ein offizieller DDR-Begleiter hatte mich übrigens ins Hotel gebracht und dort auch wieder abgeholt. Unbegleitet konnte ich nirgendwo hingehen. Das Zimmer im ›Adlon‹ war vom Veranstalter gebucht worden, als Privatperson hätte ich dort unmöglich unterkommen können. Das Hotel machte auf mich den Eindruck eines halboffiziösen Gästehauses.«

Hellmuth Karasek hat nur eine Nacht dort verbracht. Erst viele Jahre später wurde er wieder an das Haus erinnert, als Billy Wilder ihm davon erzählte. »Billy Wilder kam als Besatzungsoffizier nach Berlin, seiner zweiten, alten Heimat, und war der Filmbeauftragte der amerikanischen Militärregierung. Er sollte u. a. kontrollieren, ob beim deutschen Film wieder Nazis beschäftigt waren. Er erzählte mir vom Pariser Platz, an dem sein Herz hing, weil er diesen noch aus seiner Zeit als Reporter in den zwanziger Jahren kannte. Kollegen von der Filmabteilung der russischen Besatzer hatten ihm vom Kampf des Volkssturms gegen die Russen in den letzten Kriegstagen rund um das ›Adlon‹ berichtet. Dabei sei der einst legendäre Weinkeller geplündert worden.«

In »A foreign Affair«, den Billy Wilder im zerstörten Berlin gedreht hat, wird das »Adlon« kurz erwähnt. In der Komödie »1, 2, 3« von 1961, die in Deutschland inzwischen Kultstatus genießt, spielt ein teilweise zerstörtes Hotel, das »Hotel Potemkin«, eine wichtige Rolle. Hellmuth Karasek hat darüber eine eigene Theorie. »Ich nehme an, daß sich Billy Wilder für dieses Hotel das ›Adlon‹ zum Vorbild genommen hatte. Den Kutschertrakt, in dem ich übernachtet habe, erkannte ich wieder. Im Film tanzt Liselotte Pulver dort zum ›Säbeltanz‹ von Khatchat'urian, und Friedrich Hollaender singt ›Ausgerechnet Bananen‹.«

Das »Adlon« blieb auch in den kommenden Jahren Hotel. 1964 wurde es sogar noch renoviert, und die Fassade erhielt neuen Glanz. Erst Anfang der siebziger Jahre kam dann das endgültige »Aus« für den Betrieb. Aus dem Luxushotel von einst und dem HO-Hotel der frühen Jahre der DDR wurde ein Lehrlingswohnheim. Immerhin waren es Lehrlinge, die in der »Hauptstadt der DDR« im Hotelfach arbeiteten. Das »Adlon«, das einmal als »Luxusliner« vom Stapel gelaufen war, endete als »Schulschiff«.

Am 17. Januar 1984 befaßte sich das Politbüro des Zentralkomitees der SED mit diesem Ort und – entsprechend den Spielregeln – einige Tage später der Ministerrat der DDR. Der Beschluß sah vor, die Gestaltung der Innenstadt von Berlin »mit der ganzen Kraft der Republik und mit höherem Tempo fortzusetzen«.

Der gesamte Raum zwischen Leipziger und Oranienburger Straße sowie westlich der Friedrichstraße sollte bebaut werden, um »die Gestaltung der Innenstadt im wesentlichen bis 1988/1989« abzuschließen. In einem Teil des Beschlusses heißt es: »Der 1. Sekretär der Bezirksleitung der SED, BERLIN, Genosse Naumann, hat – in Zusammenarbeit mit dem Minister für Bauwesen, Genosse Junker – zu gewährleisten, daß die zur Verbesserung des Stadtbildes im grenznahen Raum durchzuführenden Maßnahmen, insbesondere die Ausbesserung bzw. der Abriß von Häuserfronten entlang der Reichsbahnanlage vom Bahnhof FRIEDRICHSTRASSE nach WEST-BERLIN sowie die Fassadengestaltung im Bereich des POTSDAMER PLATZES in Blickrichtung Staatsgrenze, mit dem Minister für Nationale Verteidigung, Genossen Armeegeneral Hoffmann, koordiniert werden.«

Die Trostlosigkeit dieses Ortes sollte beseitigt werden, und so verschwand nach 1984 der letzte Teil des Hotels »Adlon«. Der Standort der Grenzanlagen wurde verändert, um Platz für den geplanten Wohnungsneubau zu erhalten. Jede Erinnerung an das alte Hotel schien ausgelöscht.

Nadja Tiller in einer Filmszene aus »Hotel Adlon«, Produzent Artur Brauner

»Hotel Adlon« – Auferstanden als Kulisse

Schon zehn Jahre waren vergangen, seitdem das »Adlon« niedergebrannt war, als die Erinnerungen von Hedda Adlon zunächst als Fortsetzungsgeschichte in einer Illustrierten erschienen. Und was die Hotelierswitwe mit Hilfe eines Ghostwriters zu berichten wußte, stieß beim Publikum im westdeutschen Wirtschaftswunderland auf großes Interesse. Gerne ließ es sich entführen in die vermeintlich so gute alte Zeit, die zumindest insofern besser war, als Berlin noch unzerstört und ungeteilt war. Und es war die Zeit, wo »man«, aber auch »frau«, noch ins Kino ging. Filmtheater gab es sprichwörtlich fast an jeder Ecke, und die deutsche Filmindustrie hing noch nicht am Tropf der Subventionen. Die Idee, einen Spielfilm über das »Adlon« zu drehen, lag also auf der Hand, und einer der großen deutschen Produzenten setzte sie in die Tat um: Artur Brauner. Nach dem Krieg hatte er sich in Berlin niedergelassen und seine CCC-Film buchstäblich aus dem Nichts aufgebaut. Mit anspruchsvollen Filmen zur damals jüngsten deutschen Vergangenheit, wie vor allem »Morituri«, wollte er das Publikum zum Nachdenken bewegen, mit »Liebe, Tanz und tausend Schlager« unterhalten und natürlich Geld verdienen.

»Hotel Adlon« sollte beides sein: Zeitgeschichte unterhaltsam verpackt, mit Liebe und Spannung für ein möglichst großes, zahlendes Publikum. Dazu reichte es aber nicht einfach aus, Hedda Adlons Text in Dialoge umzuschreiben. Er mußte vollkommen neu bearbeitet werden, denn ein Film gehorcht anderen Gesetzen als ein Buch. Als Drehbuchautor gewann Brauner einen jungen Journalisten, der als Romanautor noch auf seinen Durchbruch wartete, aber als Reporter schon in den fünfziger Jahren zu den bestbezahlten seiner Zunft gehörte: Johannes Mario Simmel. Für die *Quick* reiste er durch die ganze Welt, verfaßte unter sieben Pseudonymen Artikelserien und fand zwischen 1950 und 1962 auch noch die Zeit, Drehbücher für insgesamt 36 Spielfilme zu schreiben. Und »Hotel Adlon«, so sagt er heute, war darunter einer von den besseren. Geschrieben hat er ihn – wie viele andere Filme damals auch – mit Emil Burri. Zusammen bildeten sie ein recht ungewöhnliches Gespann, denn obwohl Burri schon bei Bertolt Brecht an vielen Theaterstücken mitgearbeitet hatte, war er ein Mann, der selber nicht schreiben konnte.

»Er hat immer mit anderen Leuten zusammengearbeitet, aber dabei einen ungeheuren Vorteil gehabt. Wenn wir uns klar waren, was für eine Geschichte wir schreiben wollten, und der psychologische Rahmen stand, legte er los. Eigentlich hatte er immer Schauspieler werden wollen. Und so rannte er im Zimmer auf und ab und sprudelte die Dialoge von Männern, Frauen und Kindern herunter, so daß ich rasend schnell mitschreiben mußte. Wir waren ein Paar, das eine Zeitlang zusammen für Josef von Baky gearbeitet hat, der auch beim Adlon Regie führte. Das war, glaube ich, unser fünfter gemeinsamer Film.«

Brauner hatte die beiden Autoren zu sich gebeten und ihnen die Artikelserie von Hedda Adlon zu lesen gegeben.

»Mit dem Bericht konnte Brauner anscheinend nichts anfangen. Burri und ich waren durchaus teuer. Wäre er mit dem Text zurechtgekommen, dann hätte er einen billigeren Autor nehmen können. Außerdem gefiel Brauner unser Vorschlag, unter keinen Umständen die Verfilmung von Vicky Baums Roman *Menschen im Hotel* zu kopieren. Der zeitliche Rahmen, den man in diesem Film abdecken wollte, erstreckte sich von der Kaiserzeit bis in das Jahr 1945. Aus dramaturgischen Gründen brauchte man ein Paar, das die einzelnen Episoden miteinander verband. Aus diesem Grund erfanden wir die Figur des Rippert, der als Page 1907 im ›Adlon‹ anfängt, sich im Laufe der Handlung in eine französische Zofe verliebt, die mit ihrer Herrschaft im Hotel zu Gast ist und die er schließlich nach dem Ersten Weltkrieg heiratet. Eine Französin mußte es sein, weil ich Frankreich so liebe und den Wunsch hatte, mit der deutsch-französischen Erbfeindschaft aufzuräumen. Darüber hinaus interessiert sich jene Figur auch politisch, ein Konzept, dem Brauner zustimmen konnte.«

Simmel ließ sich nicht auf Hedda Adlons Textvorlage ein, sondern beschloß, die alte Dame selber zu befragen.

»Hedda Adlon wohnte in der Meinekestraße oder einer Parallelstraße vom Kurfürstendamm in einem vom Krieg nur wenig beschädigten Haus. Wenn man in ihre Wohnung kam, hatte man das Gefühl, einen orientalischen Palast zu betreten. Die Zimmer waren von Kostbarkeiten überladen, aber es waren wirklich schöne Sachen, die vermutlich aus dem ›Adlon‹ stammten oder persönliche Geschenke waren. Das Rührende war: Sie hat mich immer zu einem Sekt-Kaviar-Frühstück eingeladen. Und sie zelebrierte immer den Auftritt einer großen alten Dame. Sie war schon etwas alt und hinfällig, aber ihr Gedächtnis war noch phantastisch. Es war eine Wonne, sich mit ihr zu unterhalten.«

Die alte Dame gab auch pikantere Erinnerungen zum Besten, wie die Geschichte einer besonders raffinierten Hoteldiebin, die in den zwanziger Jahren für einige Zeit das »Adlon« unsicher machte. Als Gast im Haus eingebucht, begab sie sich nachts – nur mit einem Pelz bekleidet – in den Hotelfluren auf Wanderschaft und suchte nach unverschlossenen Zimmern. Fand sie eine offene Tür, ging sie hinein und sammelte die Wertgegenstände der meist männlichen und alleinreisenden Gäste ein. Wollte es der Zufall, und ein Gast wachte dabei auf, dann ließ die Dame einfach den Pelz fallen … Das hielt zwar die Zahl der Anzeigen gering, doch für das Haus wurde die unbekannte Schöne zunehmend zu einem Problem. Und die Rolle sollte es dreißig Jahre später für den Film wieder werden. Eine nackte Frau war im deutschen Film der fünfziger Jahre nahezu undenkbar. Doch zunächst einmal mußte die Rolle besetzt werden.

»Atze Brauner inserierte in der Berliner Presse: Er suchte für den Film ein junges, hübsches Mädchen. Das Echo war überwältigend. Die Mädchen wurden sozusagen in Gruppen zu fünfzig

Die Außenkulisse des Hotel »Adlon«, errichtet auf dem Reichssportfeld in West-Berlin

zum Vorstellen ins Studio reingelassen. Da saßen lauter lüsterne Kerle und begutachteten das Angebot. Nur Baky, der Regisseur, hatte eine ungeheuer eifersüchtige Frau, die verhinderte, daß eines der Mädchen die Rolle bekam. Da bin ich auf die rettende Idee gekommen und habe meine Freundin Nadja Tiller angerufen, die ursprünglich Mannequin war. Mannequins sind es gewohnt, sich schnell an- und auszuziehen. Das gehört zu ihrem Beruf, und Nadja hat die Rolle sofort angenommen.«

Im Drehbuch war vorgesehen, daß die Kamera von außen durch das Fenster beobachtet, wie die Hoteldiebin sich in ihrem Zimmer auszieht und ihre Arbeitskleidung – den Pelz – anzieht, um auf Diebestour zu gehen.

»Die Kamera mußte also durch einen Gaze-Vorhang die Szene drehen. Bei der Aufnahme war ein Vertreter der ›Selbstkontrolle‹ anwesend, schließlich waren es die prüden 50er Jahre. Nadja ist bei der Szene bald verrückt geworden. Zuerst hing der Gaze-Vorhang still im Fenster. Da sah man viel zuviel. Dann haben wir eine Windmaschine genommen. Ergebnis war, daß der Vorhang derart wackelte, daß die Kamera überhaupt nichts mehr sah. Zum Schluß hat die Windmaschine nur noch gehaucht, und die Kamera konnte ein bißchen von ihrer Brust und ihren schönen Rücken aufnehmen: Die Szene stand. Als ich Wochen später in Brauners Studio schon an einem anderen Film arbeitete, saß ich neben einem Schneideraum, in dem ständig eine Filmszene vor- und zurückgefahren wurde. Ich bin bald verrückt geworden von dem Geräusch. Als ich rüberging, sah ich dort vielleicht zwanzig Kerle um den Schneidetisch stehen, während der Cutter des ›Adlon‹-Films versuchte, das ideale Bild zu finden, auf dem man am meisten von Nadjas Körper sah. Unvorstellbar!«

Johannes Mario Simmel und sein Ko-Autor wollten nicht nur Hotel-Anekdoten erzählen. Bei aller Unterhaltung wollten sie dem Publikum Zeitgeschichte nahebringen. Auch in diesem Punkt waren die Gespräche mit Hedda Adlon wichtig.

»Sie erzählte mir vom Jubel während der Olympischen Spiele von 1936 in Berlin. Die ausländischen Gäste im Hotel waren vom Deutschland der Nationalsozialisten begeistert. Auch die Hauptfigur, Rippert, der als Page im Hotel anfängt und später Hoteldirektor wird, ist zunächst verblendet und begeistert von der Olympiade. Erst später merkt er seinen Irrtum. Hedda Adlon ist auch verantwortlich für viele – im weitesten Sinne – politische Aspekte, die im Film vorkommen. Dazu zählt die Szene, die wir als Gegenstück zu jener Begeisterung bei der Olympiade in das Drehbuch hineingeschrieben haben: Darin benehmen sich betrunkene SA-Männer im Hotel daneben, während ein jüdisches Ehepaar kurz vor der Emigration im Restaurant sitzt. Louis Adlon schmeißt die SA-Leute raus, die jedoch drohen, wiederzukommen. Von diesem Vorfall hat mir Hedda Adlon berichtet. Ihr Mann vertrat den Standpunkt, daß in seinem Hotel jeder Gast gleich gut zu behandeln sei.«

Als die Drehbuchautoren dem Produzenten das Drehbuch vorlegten, wurde diesem wohl klar, worauf er sich eingelassen hatte, erinnert sich Johannes Mario Simmel. Ungeheure Kulissen waren alleine nötig, um das »Adlon« und seine Zeit wieder für den Film auferstehen lassen zu können. »Hotel Adlon« würde kein low budget-Film werden.

»›Das Brandenburger Tor werden wir ja nicht einfach weglassen können‹, habe ich ihm gesagt. ›Aber ich kann doch nicht das ›Adlon‹ nachbauen‹, entgegnete Brauner. Das hat er auch nicht getan. Aber er mußte immerhin die Halle des Hotels, Gänge, Zimmer, das Restaurant und den Bunker als Kulisse bauen lassen – und das Brandenburger Tor.«

Und so geschah es. Für die Innenaufnahmen im Hotel entstanden die Kulissen in den Studios der CCC-Film in Berlin-Spandau. Aber die Fassade des »Adlon« einschließlich Pariser Platz und Brandenburger Tor wurden auf dem Reichssportfeld in West-Berlin neu gebaut – auch wenn das Film-Adlon« nur bis zum ersten Stock reichte und die Schauspieler bei Fensterszenen nur auf einem schmalen Tritt hinter der Kulisse angeseilt standen.

»Als die Kulisse dann am Ende der Dreharbeiten in Flammen stand, hat Brauner mühsam an sich gehalten. Er hatte alles für teures Geld anfertigen lassen, und nun liefen mehrere Kameras, um die Szene festzuhalten, denn man konnte die Bauten ja nur einmal abbrennen.«

Bei der Premiere in Frankfurt gab es eine Szene, über die sich eine Augenzeugin ganz furchtbar aufregte: Hedda Adlon. »Das ›Adlon‹ selbst war bekanntlich mit den kostbarsten Materialien gebaut, die Kulissen im Film dagegen für wenig Geld angefertigt worden. Da wurde Sperrholz verwandt und Tünche drübergestrichen. Hedda Adlon erregte sich vor allem über eine Szene, in der jemand an einer Suite anklopft. Nicht nur daß die Tür und die Klinke nach nichts aussahen: Es

Die Parade der »Film-Pagen«

war obendrein eine einfache Tür, und im ›Adlon‹ gab es ausschließlich Doppeltüren. Darüber ist Hedda Adlon nicht hinweggekommen. Sie war vor Wut außer sich und verließ die Vorstellung. Nur wegen der Tür!« Trotzdem war der Film ein großer Erfolg.

Was aber Johannes Mario Simmel dem Regisseur Josef von Baky bis heute übelnimmt, ist jene Szene, in der das »Adlon« abbrennt. Vor dem Haus stehen in der Szene Zivilisten und Rotarmisten und starren in die Flammen. Die Erzählerstimme sagt dazu: »So fiel das Hotel Adlon eine Woche nach Kriegsende, nachdem schon alles überstanden schien, einer Brandstiftung zum Opfer.«

»Und aus reiner Gemeinheit oder wegen seines Hasses auf die Russen hat er an dieser Stelle die Rotarmisten ins Bild genommen. Wir bekamen deswegen große Probleme, denn wir wollten einen Film der Versöhnung schreiben und nicht den kalten Krieg weiterführen. Ich habe mich jedoch nicht durchgesetzt.«

Johannes Mario Simmel glaubt es bis heute nicht. In seiner Heimatstadt Wien war er dabei, als 1945 der Stephansdom brannte. Auch hier hielt sich die Legende über eine Beteiligung der Russen. Er aber ist Augenzeuge, daß die SS den Dom in Flammen schoß. Die Russen hätten versucht, das Feuer zu löschen. Nur gab es kein Wasser. So traut er bis heute nicht der Legende um den Brand des alten »Adlon«.

Blick vom Brandenburger Tor auf das neu errichtete Hotel »Adlon« (rechts)

Die Wiedergeburt einer Legende

Es gibt Tage im Leben eines Menschen, von denen weiß jeder noch nach Jahren, wo er sich damals aufgehalten hat, was er getan oder gedacht hat, als die Nachricht eintraf, daß John F. Kennedy ermordet worden war, der erste Mensch den Mond betreten hatte – oder eben die Mauer gefallen war.

Dieser 9. November 1989 traf die alte Bundesrepublik völlig unerwartet. Schon vor Jahren hatte man in Bonn alle Planungen eingestellt, was denn zu tun wäre, sollte die deutsche Einheit plötzlich vor der Tür stehen. Das Thema schien sich überholt zu haben und taugte nur noch für Gedenkreden am 17. Juni oder als Schlußformel für die Weihnachtsansprache des Bundeskanzlers. Aber was hat das alles mit dem »Adlon« zu tun? Hedda Adlon war schon über zwanzig Jahre tot, als die Mauer fiel, aber sie hatte vorgesorgt – für sich und das »Adlon«. Daran erinnert sich auch Karl Walterspiel, damals Mitglied des Vorstands der Kempinski AG, besonders an ein Papier, das seit über dreißig Jahren im Tresor der Firma schlummerte. Karl Walterspiel entstammt selbst einer Hoteliersfamilie. Seinem Vater und seinem Onkel gehörte das Hotel »Vier Jahreszeiten« in München, in dem er 1933 auch zur Welt kam. Und natürlich kannte man die Adlons auch persönlich. Die Brüder Walterspiel hatten schon zur Kaiserzeit von Lorenz Adlon das Restaurant Hiller gekauft.

»Aus den Erzählungen meines Vaters waren mir die Adlons und ihr Hotel ein Begriff, obwohl ich das Haus nie betreten habe. Als ich 1968 zur damaligen Hotelbetriebsaktiengesellschaft in den Vorstand kam – die Umbenennung Kempinski erfolgte erst später –, erfuhr ich von meinen damaligen Kollegen, daß es Verträge mit Hedda Adlon gab. Ich hätte das bestimmt vergessen, wenn nicht der Name ›Adlon‹ für mich eine besondere Bedeutung gehabt hätte. Als 1989 die Mauer fiel, erinnerte ich mich an diese Verträge und ging auf die Suche. In unserem Archiv wurden wir fündig. Ich las zu meinem Erstaunen, daß wir ein Ankaufsrecht auf die Firmen Adlon und auch auf das Grundstück hatten, falls es jemals wieder die Möglichkeit gäbe, das Hotel neu zu errichten. Das betrachtete ich als ein Vermächtnis, das es nun zu erfüllen galt. Diese Verträge sind Mitte der fünfziger Jahre – also noch vor dem Bau der Mauer – notariell geschlossen worden.«

Nicht ohne Not sah sich die Witwe gezwungen, die Verträge abzuschließen. »Hedda Adlon war praktisch mittellos und wurde auf diese Weise materiell abgesichert. Die Herren an der Spitze unseres Unternehmens waren weitsichtig und optimistisch genug anzunehmen, daß diese Verträge eines Tages realisiert werden könnten.« Und die Nachfolger dieser Herren machten sich nun an die Arbeit.

Aufsichtsrat und Vorstand gaben grünes Licht: Kempinski sollte ein neues Flaggschiff bekommen. Auch der Berliner Senat zeigte Interesse an dem neuen Hotel am alten Standort.

»Wir haben einen Vorentwurf gemacht und noch zu DDR-Zeiten eine Bauvoranfrage gestartet, die uns positiv beschieden wurde. Das war der erste Rechtstitel. Nachdem die Verträge mit den Adlon-Erben vollzogen waren, bemühten wir uns um die Rückübertragung des Grundstücks, das den Adlons gehörte, sowie des Nachbargrundstücks Unter den Linden 77, das sich in unserem Besitz befand. Beide Grundstücke waren enteignet worden.«

Doch da begannen die Schwierigkeiten. Die Enteignung war vor Gründung der DDR noch von den Sowjets vorgenommen worden, und diese Enteignungen blieben auch nach der deutschen Einheit rechtskräftig. Erst mit einem sogenannten Investitionsvorrangbescheid war es möglich, die Grundstücke neu zu erwerben.

»Diesen Bescheid hatten wir, aber noch lange nicht Einigkeit über den Grundstückspreis erzielt. Da lagen die Vorstellungen des Berliner Senats, der nach der Einheit nun rechtmäßiger Besitzer dieses Grundstücks war, und unsere Möglichkeiten, die auf der Rentabilität eines Hotels beruhten, sehr weit auseinander. Ursprünglich forderte der Senat 26 000 Mark pro Quadratmeter. Aber in dem Investitionsvorrangbescheid war ganz genau festgehalten, was wir auf diesem Grundstück zu errichten hatten: nämlich nicht nur ein Hotel, sondern *das* Hotel Berlins. Das ging sogar so weit, daß die Mindestzahl der Mitarbeiter und ähnliche Dinge mehr erwähnt wurden. Damit konnten wir argumentieren. Am Schluß haben nach drei Gutachten die Abgeordneten des Berliner Abgeordnetenhauses entschieden, und wir haben das Grundstück erwerben können.«

11 345,21 DM zahlte die Hotel Adlon-Grundstücksverwaltung GbR pro Quadratmeter an den Berliner Senat. Das sind bei einer Gesamtgröße des Grundstücks von 6.170m² 70 000 000 DM. Und damit nicht genug. Würde innerhalb der nächsten zwanzig Jahre das Haus »nicht mehr als Luxushotel der obersten Kategorie genutzt, ist eine Kaufpreisanpassung auf der Grundlage eines Bodenwertes von DM 16 626,98/m² vereinbart«, besagt der Vertrag.

Parallel zu den Verhandlungen um das Grundstück entstand das »Adlon« auf den Reißbrettern und Computern der Architekten und Designer neu. Der Bauantrag – normalerweise eine bürokratische Hürde, die viel Zeit in Anspruch nimmt – war in nur drei Monaten komplett genehmigt worden. Kurzum, eigentlich hätte es jetzt mit dem Bau losgehen können. Doch da geschah etwas Unerwartetes.

»Wir hatten das Grundstück, und wir hatten die Baugenehmigung bekommen. Doch zu diesem Zeitpunkt trat eine Entwicklung ein, die bei Aktiengesellschaften passieren kann: Wir wechselten den Großaktionär. Der frühere Besitzer, die Firma Advanta, war auch mit Architekten und Projektentwicklern sehr stark an diesem Projekt beteiligt und hat damals – zusammen mit uns – die Fundus-Gruppe überzeugt, daß dieses bereits weit vorangeschrittene Projekt ›Adlon‹ eine interessante Investition sei. Wir, also Advanta und Kempinski, verkauften dann das gesamte Projekt mit allen seinen Rechten an Fundus. Dafür bekamen wir von den neuen Eigentümern einen sehr langfristigen Pachtvertrag.«

Die Eingangshalle

›Hausbesitzer Fundus‹, das ist in erster Linie Anno August Jagdfeld, Geschäftsführender Gesellschafter der Fundus Fonds-Verwaltungen GmbH in Köln. Seit der Wende hat sich sein Unternehmen gerade bei der Finanzierung von Immobilien in den neuen Bundesländern stark engagiert: ob nun bei den Friedrichstadt-Passagen im Osten Berlins, im Ostseebad Heiligendamm oder eben beim »Adlon«.

Zur Finanzierung des Hotels hat Jagdfeld einen geschlossenen Immobilienfonds in der Rechtsform einer Kommanditgesellschaft gegründet, deren persönlich haftender Gesellschafter er selbst mit einer Einlage von 1 Million Mark ist.

Doch zur Erfüllung des Investitionsplanes fehlten weitere 424 Millionen Mark. Zwei Jahre warb der Chef der Kölner Fundus-Gruppe um Anleger in seinem Fonds. Mit einer Mindesteinlage von 50 000 Mark konnte Mann oder Frau Gesellschafter und damit Miteigentümer des »Adlon« werden. Sein Modell – und nicht zuletzt die bis Ende 1996 begrenzten steuerlichen Sonderabschreibungsmöglichkeiten beim Kauf von Ost-Immobilien – überzeugte immerhin rund 3 500 Anleger, die den Fonds mit insgesamt 325 Millionen Mark Eigenkapital ausstatteten. Um die restlichen 100 Millionen herbeizuschaffen, mußten die Anteilseigner einer einschneidenden Änderung des Gesellschaftsvertrages zustimmen, der bis dahin eine alleinige Finanzierung durch Anteile vorsah. Über 90% der Anleger stimmten dem Vorschlag Anno August Jagdfelds zu, die restlichen Gelder zunächst fremdzufinanzieren, per Bankkredit in den Fonds einzubringen. Die Fondsgesellschaft hat mit der BREDERO Projekt GmbH einen Generalübernehmervertrag geschlossen, die das »Adlon« zum Pauschalfestpreis von 283,5 Millionen Mark schlüsselfertig baute und betriebsfertig einrichtete.

Auf der Einnahmeseite des Fonds steht ein Pachtvertrag über zwanzig Jahre mit der Kempinski AG, der in der Prognoserechnung – eine durchschnittliche Inflationsrate von 3,7% im Jahr – für 1998 eine Grundpacht von 12,6 Millionen Mark verspricht, die sich bis 2017 auf 25,5 Millionen Mark steigert. Die jährlichen Einnahmen des Fonds sollen im gleichen Zeitraum von 12,7 Millionen Mark auf 38,6 Millionen Mark steigen. Dazu sieht der Vertrag, der auch eine Verlängerungsoption um weitere zehn Jahre vorsieht, eine 30prozentige Beteiligung am positiven Betriebsergebnis des »Adlon« vor. Und quasi als ›Zucker‹ obenauf ist jeder Anteilseigner automatisch Mitglied im »Adlon-Club«. Er erwirkt damit Sonderkonditionen und Sonderleistungen in den Kempinski Hotels und 10% Preisnachlaß im Adlon-Health-Club.

So haben sich die Zeiten geändert. Hatte vor 90 Jahren Lorenz Adlon schlaflose Nächte, wenn er an seine immensen Schulden dachte, so vertrauen heute über 3.500 Investoren zunächst auf günstige Abschreibungen und setzen in der Zukunft auf Rendite. Erwirtschaften muß sie das »Adlon«, und das wird in den kommenden Jahren zunächst schwer sein. Denn das Luxushotel ist auf absehbare Zeit rundherum von Baustellen umgeben. Will das Management sehr gut zahlende Gäste aus aller Welt an den Pariser Platz mit seinen Rohbauten und Baugruben locken, dann muß es besonders eine Tradition des alten »Adlon« neu beleben: Hinter der Drehtür beginnt eine eigene Welt.

Welcher Philosophie ein Luxushotel wie das »Adlon« zum Ende des 20. Jahrhunderts folgen sollte, da hatte Karl Walterspiel klare Vorstellungen: »Ein Hotel ist immer das Produkt seiner Zeit und könnte niemals erfolgreich sein, wenn man rückwärts schaut. Wir müssen nach vorne blicken. Aber ich sage auch: Hotels dieser Art wird es solange geben, wie es Theater gibt. Und Theater wird es solange geben, wie es kultivierte Menschen gibt. Eine Weltmetropole braucht ein großes, nach internationalen Maßstäben geführtes Haus. Sie können zu jeder großen Stadt dieser Welt eine Hoteladresse nennen, die nur dorthin gehört, und so gehört das ›Adlon‹ nach Berlin und wird vom Standort und von der dort erbrachten Leistung her wieder die führende Adresse der dann neuen Bundeshauptstadt sein. Die Voraussetzungen dafür zu schaffen, das ist uns, glaube ich gelungen: Standort, Gestaltung des Hotels, innere Abläufe, all das wird uns sicherlich dazu verhelfen, die Nummer 1 zu werden. Was dann noch fehlt, ist die Leistung, da sind dann unser Unternehmen, unsere Mitarbeiter gefordert. Ein weiterer Faktor, der auch sehr wichtig ist, sind die Gäste selbst, denn sie bestimmen die Atmosphäre, niemand anderes. Darüber hinaus liegt die Kunst in der Beständigkeit. Etwas mit Erfolg zu eröffnen, ist nicht so schwierig, aber das Niveau zu halten oder

Blick in den Wintergarten

Der Türportier

noch zu steigern, das ist schon schwieriger.« Es hat also keinen Sinn, das alte »Adlon« zu kopieren, das neue Haus muß sich der Zeit gemäß unterscheiden. »Nur in dem einen nicht: in der Erfüllung der ersten Gastgeber-Funktion in einer Hauptstadt. Das hat das alte ›Adlon‹ bekannt gemacht, und diese Rolle wieder zu übernehmen und weiter zu entwickeln, das wird uns fordern. Aber das geschieht heute anders als zur Kaiserzeit. Das neue ›Adlon‹ wird mit Sicherheit keine feudale Burg sein, in der nur eine ganz bestimmte Gesellschaftsschicht ein- und ausgeht. Zu Zeiten des alten ›Adlon‹ reiste kaum jemand nach Mallorca oder gar in die Karibik. Das hat sich doch heute vollständig geändert. Und so ist das in unserem Metier auch. Offenstehen muß das ›Adlon‹ einer breiten Öffentlichkeit. Deshalb braucht es nicht billig zu sein. Aber die breite Öffentlichkeit hat auch Lust auf Qualität zum richtigen Moment. Das ist, glaube ich, der grundlegende Wandel, dem man gerecht werden muß. Und der Ruf, den uns andere anhängen wollen, daß das ›Adlon‹ nur für die oberen Zehntausend da ist, der stimmt einfach nicht.« Das »Adlon« also als Hotel für alle, aber nicht als Hotel für die Masse. »Es muß natürlich in seinem Inneren die Möglichkeit bieten – ähnlich einem großen Passagierschiff –, daß sich der eine hier, der andere dort wohler fühlt. Und das ist ja vorgesehen. Das alte ›Adlon‹ war das Hotel der Berliner, und das neue wird es auch wieder sein. Dies ist die Voraussetzung, damit es von den Gästen aus aller Welt als die erste Adresse erkannt wird. Es muß der gesellschaftliche Mittelpunkt Berlins sein. Dazu kommen natürlich die Lage mitten im Regierungsviertel, das diplomatische Leben, die Lobbyisten, die auch zu einer Hauptstadt gehören, die Touristen und – wie in der guten alten Zeit auch – gerade die Amerikaner. In einem Buch, das 1909 kurz nach seiner Eröffnung das alte ›Adlon‹ porträtierte, ist gleich nach Kaiser und Kaiserin ein Bild des amerikanischen Präsidenten zu finden. Das zeigt, daß schon damals die Weltläufigkeit Berlins durch dieses Hotel unterstrichen wurde. Und da heißt es auch wieder: Anschluß finden an diese Rolle. Man schenkt dem Bau dieses Hauses nicht nur in Deutschland, sondern in der ganzen Welt eine große Beachtung. Das zeigt, daß wir nicht zu hoch greifen, wenn wir uns solche Ziele setzen.«

Schon der Bau des Hotels löste ein großes Echo in den Medien aus, obwohl die Tradition des Hauses für Jahrzehnte unterbrochen war. Dem Mythos des Hauses hat die Zeit jedoch nichts anhaben können.

»Man stelle sich vor, in Paris hätte es das ›Ritz‹ oder das ›George V‹ für fünfzig Jahre nicht gegeben, oder in London das ›Claridges‹ und ›Savoy‹. Das sind Adressen wie ›Whitehall‹ und

Küchenchef Karlheinz Hauser mit seinem Team

›Elysee-Palast‹, die gehören einfach zum Charakter einer Stadt. Wir haben ja leider von den schönen alten Dingen, die im ›Adlon‹ waren, so gut wie nichts mehr gefunden. Was aber bleibt, ist der *Genius loci*. Der ist nicht gestorben.«

Das Wort »Luxus« mochte Karl Walterspiel in diesem Zusammenhang übrigens gar nicht. Es klinge nach »überflüssig«. Er spricht lieber von der »ersten Adresse«, die vorbildlich und den Prinzipien der Gastfreundschaft verbunden ist.

»Im Hotelgeschäft dieser Tage gibt es auch industrielle Entwicklungen, an denen niemand vorbeigehen kann. Auch wir stehen unter einem enormen Kostendruck. Und man kann hohe Preise nicht dadurch rechtfertigen, daß man hohe Kosten hat. Sind die Angebote jedoch unvergleichlich gut, dann ist es durchaus möglich, unvergleichlich gute Preise zu erzielen.«

Aber auch das ist heute wieder eine Kostenfrage, genauer, eine Frage der Personalkosten, die sich in diesem Ausmaß im alten »Adlon« gar nicht stellte.

»Man muß mit weniger Leuten versuchen, die gleiche Leistung zu erbringen, und dazu gehören auch neue Organisationsformen, multifunktionale Arbeitsplätze. Die Rolle des Gastgebers spielt nicht mehr der Herr Direktor, sondern die Mitarbeiter. Den Gast, den interessiert gar nicht, *wer* zu ihm freundlich ist, solange *alle* zu ihm freundlich sind. Die Kunst liegt darin, dem Gast das

Eine Tradition wird wiederbelebt: ein »Adlon« Page

Gefühl zu geben, daß er im Mittelpunkt steht. Der Kontakt zwischen Gast und Mitarbeiter, der ihn betreut, ist wesentlich. Und der Gast möchte seinen Wunsch möglichst schnell erfüllt haben. Durch Zentralisierung der Funktionen wurde früher eine unnötige Distanz zwischen Gast und Mitarbeiter aufgebaut. Wenn man diese wieder dezentralisiert und sogar Spezifika bisheriger Abteilungen mischt, also Mitarbeiter multifunktional einsetzt, dann geht das nur durch moderne Kommunikationsmittel. Im ›Adlon‹ wird darum praktisch jeder Mitarbeiter in der Lage sein, schnurlos mit anderen Mitarbeitern in Kontakt zu treten. Und der Gast erreicht ebenfalls auf diesem Weg seinen Betreuer, der in kürzester Zeit seinen Wunsch erfüllt. Diese technischen Möglichkeiten, die es bisher in keinem anderen Hotel gibt, machen Gastfreundschaft, den menschlichen Kontakt wieder möglich. Alles andere ist kalte Routine. Dazu gehörten Mitarbeiter, die über das normale Maß hinaus engagiert und motiviert sind und die die entsprechenden Kenntnisse, die fachlichen und charakterlichen Voraussetzungen haben und die Freiheit, diese auch anbringen zu dürfen. Das ist sehr hoteltechnisch. Wenn ich aber bedenke, daß das alte ›Adlon‹ in seiner Zeit bahnbrechend war und ein Modell für die dann folgenden Hotels in Deutschland wurde, so hoffe ich, das vom neuen ›Adlon‹ eines Tages auch zu hören. Es ist gefordert, das Beste zu sein. Und die Besten zu sein, das heißt immer noch, dem Gast eine Erinnerung mit auf den Weg zu geben, die er nicht vergißt und die ihn auch wiederkommen läßt.«

Hatte die Idee, das »Adlon« neu erstehen zu lassen, in Karl Walterspiel ihren ersten »Vater« gefunden – Erfolge haben, wenn sie sich dann als solche herausstellen, bekanntlich mehrere

Die Lobby-Bar

»Väter« und »Mütter« –, so war der Entwurf des Hauses die Arbeit von zwei großen Architekturbüros: Patzschke, Klotz & Partner, Berlin, und AIC Bauplanungs- und Consulting-GmbH, München-Berlin. Ihre Aufgaben waren, bei allen Überschneidungen, die ein solches Objekt mit sich bringt, deutlich getrennt. AIC war für die konzeptionelle Gestaltung des Hauses im Inneren verantwortlich; Patzschke, Klotz & Partner gaben dem Haus nach außen sein Gesicht.

Die unterschiedlichsten Gebäude sind auf den Reißbrettern und Computern dieses Architektenbüros bereits entstanden: Wohn- und Geschäftshäuser oder Feriensiedlungen. Das »Adlon« ist ihr achtes Hotel. Trotzdem war aber auch für sie dieser Auftrag eine besondere Herausforderung.

»So etwas hat man nur einmal in einem Architektenleben«, meint Rainer-Michael Klotz, der als künstlerischer Leiter 1992 die Federführung für das Projekt übernommen hat. 1985 ist er in das Büro eingetreten und wurde fünf Jahre später Sozius.

Ganz ohne Wettbewerb hätten sie von Kempinski damals den Auftrag bekommen, erinnert sich Rüdiger Patzschke, zusammen mit seinem Zwillingsbruder Jürgen, dem Seniorchefs des Büros. Karl Walterspiel hatte sich für sie schon im Anfangsstadium seiner Vision aus einem ganz besonderen Grund entschieden:

»Unser Büro ist bekannt dafür, daß wir keine spröden ›Kuben‹ entwerfen, sondern die traditionelle Architektur bevorzugen. Wir stehen für die ›Renaissance der optischen Kultur‹, haben eine Kompetenz für etwas, das wir ›Neue Tradition‹ nennen. Damit meinen wir traditionelles Bauen, aber in einer weiterentwickelten neuen Form. Wir sehen uns als Vorreiter einer Architekturform,

Das Kaminzimmer

die sich möglicherweise erst nach der Jahrtausendwende bei uns in Berlin durchsetzen wird. In Frankreich, Italien und den angelsächsischen Ländern gibt es Architekten, die diesen bei uns noch so modernen Purismus nicht ihren architektonischen Gedankengängen zugrunde legen. Glatte Fassaden nimmt das Gehirn des Betrachters mit einem Blick wahr und ist deshalb unterfordert, beim Betrachten barocker Bauten wird das Gehirn dagegen leicht überfordert. In beiden Fällen stellt sich beim Betrachter ein Gefühl des Unwohlseins ein. Deshalb tut uns die aufgeräumte klassische Architekur so wohl. Und da wollen wir hin.«

Hinter dem Begriff der »Neuen Tradition« steht unter anderem die Kritik, daß die Bauhausbewegung die alten Werte der Architektur vernichtet habe, ohne dafür adäquate neue zu schaffen. Kalte abstrakte Ästhetik und nüchterne Sachlichkeit habe neben anderen Einflüssen zu einem beklagenswerten Verlust an Wärme und Geborgenheit geführt. In Gebäudequadern und Kuben mit totaler Verglasung – und damit Eiswürfeln gleich – spiegele sich bildhaft das auf seine Funktionalität reduzierte Objekt Mensch wider. Durch die Übernahme der Formensprache traditioneller Gebäude aber könnten sich der Bauherr, der Pächter und auch der Gast, der von nun ab das Hotel besuchen wird, mit der Legende des zerstörten »Adlon« identifizieren, meint das Architekturbüro Patzschke, Klotz & Partner.

Das festlich geschmückte Bundeszimmer

»Grundsatz bei dem Entwurf für das Hotel ›Adlon‹ am Pariser Platz war es, sich dem Brandenburger Tor und den historischen Bauten an der Straße Unter den Linden in der über die Jahrhunderte entstandenen Architektur unterzuordnen – jede Art von Addition technisch gerasterter Einheitsarchitektur kann deshalb an diesem Ort nicht der richtige Weg sein. …

Der durch das Brandenburger Tor schreitende Besucher des Pariser Platzes würde beim Vorfinden traditioneller Architektur nicht das Gefühl bekommen, auf eine Stadterweiterung der Nachkriegszeit zu blicken, sondern auf einen der wichtigsten historischen Plätze Berlins. Hierbei will der Entwurf des Hotel ›Adlon‹ nicht den Schein einer Rekonstruktion erzeugen – die Gestaltung ist neu und eigenständig. Es handelt sich um eine Architekturform, die die in Jahrhunderten entstandenen Elemente nicht negiert, sondern aufnimmt und dennoch sichtbar machen wird, daß es sich um ein Gebäude des ausgehenden 20. Jahrhunderts handelt.«

Für ihr Konzept mußten die Architekten in den letzten Jahren zunächst einmal harte Kritik annehmen.

»Hemmungslos kopiert« habe er das alte »Adlon«, schrieb *Die Woche*. Von einem »besonders uninspirierten Entwurf« sprach die *FAZ*. Die *Süddeutsche Zeitung* meinte: »Es sieht ein bißchen so aus wie die Plattenbau-Rekonstruktionen, die die DDR am Gendarmenmarkt und im Nikolaiviertel

Sitzgruppe in der Eingangshalle

unternommen hat: weder wirklich nach früher, aber eben auch überhaupt nicht nach heute.« Die *Frankfurter Rundschau* sah darin ein »neohistorische(s) Replikat« und der *SPIEGEL* gar »eine vergrößerte, folkloristische Kopie des 1945 abgebrannten wilhelminischen Klotzes«.

Wer sich allerdings mit dem Thema befaßt hat, sich also Fotos des vernichteten »Adlon« angesehen hat, kann feststellen, daß es sich keineswegs um eine Kopie handelt. Es ist ein völlig eigenständiger Entwurf gelungen, in dem die selbstgestellte Aufgabe gelöst wurde, mit dem Aufbau die Legende »Adlon« wachzurufen.

Bei der Planung des Neubaus hat das historische Vorbild, seine Ausstrahlung, natürlich eine große Rolle gespielt.

»Es ging schon darum, uns mit dem alten Hotelbau zu identifizieren. Wir haben die Proportionen und Abstaffelungen übernommen sowie die charakteristischen Bögen im Erdgeschoß. Auch den Haupteingang haben wir nahezu an die gleiche Stelle gesetzt. Das alte Haus ist gut dokumentiert. Wir sind keine Architekten, die Modernes hassen. Wir bauen auch moderne Objekte, aber nicht im Zentrum einer Stadt. Auf dem Pariser Platz darf man nicht Marzahn oder das Märkische Viertel wiederholen. Beide sind gleich häßlich, und dieser Stil hat hier nichts verloren.«

Das Restaurant

Nichts verloren hat aber auch die überladene Architektur der Jahrhundertwende. Übernommen haben Patzschke, Klotz & Partner jedoch die Strenge und Zurückhaltung preußischer Bauten.

Auf historische Vorbilder griffen die Architekten bei der Auswahl des Sandsteins zurück. Er stammt aus einem Steinbruch bei Bunzlau, früher Schlesien, heute Polen. Dieser Rackwitzer Sandstein fand schon zur Kaiserzeit Verwendung an vielen prominenten Berliner Gebäuden: dem Dom am Lustgarten, der Staatsbibliothek Unter den Linden und dem Erweiterungsbau der Humboldt-Universität, dem Marstall oder dem Kriminalgericht in Berlin-Moabit.

Als das Angebot, das neue »Adlon« zu entwerfen, eintraf, hat das Büro Patzschke, Klotz & Partner 15 Varianten vorgelegt, wie das Haus aussehen könnte. Der damalige Auftraggeber Kempinski entschied sich für einen Entwurf, der auch der Favorit der Architekten war. Und bei dem blieb es auch nach der Übernahme der Hotelkette durch eine neue Kommanditgesellschaft. Nachdem Fundus in das Projekt »Adlon« eingestiegen war, hatte das Büro seinen dritten Bauherren gefunden. Nichtsdestotrotz war Kempinski, und dabei vor allem Karl Walterspiel, auch an der weiteren Planung bis zum Schluß beteiligt. Welche Kompromisse mußten die Architekten wohl im Laufe der Zeit den Bauherren machen?

Eingang ins Restaurant vom Pariser Platz

»Wir hatten zunächst ›Adlon‹-Zimmer geplant. Diese Zimmer waren sehr tief, da das alte Haus, wie auch der Neubau, wenig Fassade hatte, außerdem war das alte Hotel vom Grundriß viel kleiner. Diese Idee wurde nicht übernommen. Auch mit unseren Planungen für den Weinkeller, der im alten ›Adlon‹ legendär war, konnten wir uns nicht durchsetzen.«

An eine städtebauliche Vorgabe mußten sich die Planer allerdings halten: Sie durften nicht höher bauen, als das alte Gebäude war. Trotzdem brachten sie eine Etage mehr unter, weil sie die unzeitgemäß hohen Räume des Vorbildes nicht übernahmen. Das brachte den Architekten in einem Artikel die Kritik ein, eine ›Buttercremetorte‹ entworfen zu haben. Aber damit können die Architekten Patzschke und Klotz gut leben.

»Ich wurde bei einem Interview mit diesem Vorwurf konfrontiert. Und ich konnte antworten, daß ich mich über diese Kritik ganz besonders freue. Dem Journalisten, der diesen Artikel geschrieben hat, steht eigentlich Vermittlungshonorar zu, denn ca. eine Woche nach Erscheinen seiner Kritik rief ein Bauherr an, bezog sich auf den Artikel und bat mich nach Frankfurt zu Verhandlungen zu einem Vertrag für ein Großprojekt, das wir inzwischen abgeschlossen haben. Denk-

Blick in das Restaurant

bar ist es, daß das Projekt Kritikern gefallen würde, wäre es nur aus der damaligen Zeit. Das Abstruse ist, es gefällt den Menschen nur, wenn es vor 100 Jahren so gebaut worden wäre. Es gefällt ihnen offenbar nicht, da es heute zu einem vermeintlich falschen Zeitpunkt gebaut wurde. Dies ist das Schizophrene an der Auseinandersetzung. Ein Geschmacksdiktat gibt vor, was heute erlaubt ist und was nicht. Für einen Architekturkritiker muß ein traditionelles Gebäude offenbar mindestens 60 Jahre alt sein, um es positiv bewerten zu können. Allerdings sind wir sicher, hätten wir heute einen Glas-Beton-Würfel entworfen, würden wir ebenso kritisiert werden – siehe Neubauten in der Friedrichstraße und am Gendarmenmarkt.«

Der Erfolg scheint Patzschke, Klotz & Partner Recht zu geben. Während andere Architekturbüros sich verkleinern müssen, haben sie gut zu tun. Und darüber hinaus sind sie in ständigem Dialog mit anderen Büros, die die Architektur-Welt genauso sehen wie sie.

Zum Schluß des Gespräches wagen die Architekten – nicht ganz ernst – einen Blick in eine ungedachte Zukunft. Wie werden zukünftige Fachkollegen auf ihren Bau reagieren? »Das ›Adlon‹ könnte unter Denkmalschutz gestellt werden, als erstes Gebäude einer neuen Richtung oder als

Versuch, die moderne Architektur abzulösen. Wir hoffen natürlich auf das erstere. Denn wir empfinden uns nicht als Architekten, die alte Wege gehen. Im Gegenteil: Wir gehen neue Wege! Ein neuer Stil entsteht allerdings nicht blitzartig, sondern durch Abänderung im Rahmen von Wiederholungen.«

Und Rainer-Michael Klotz ergänzt: »Langhans und Schinkel waren außergewöhnlich gute Architekten, und trotzdem ist das Brandenburger Tor eine Kopie der Propyläen der Akropolis. Wir haben nichts direkt kopiert, allerdings gab es die Bögen im Erdgeschoß auch schon im alten ›Adlon‹ – weiche, klare, einladende Formen, deren Schönheit an der klassischen römischen Architektur zu sehen ist. Ich denke, wir sind zur Zeit die einzigen Architekten in Berlin, die überhaupt Bogenformen bauen.«

Was es früher nicht gab, war das Problem der Sicherheit besonders prominenter Gäste, der Staatsgäste. Denn schließlich ist das Haus nicht nur als ein Fünf-Sterne-Plus-Hotel gedacht, es will auch als inoffizielles Gästehaus der Bundesrepublik und der deutschen Hauptstadt dienen. In zwei Stockwerken wurde darum auch je eine besonders gesicherte Präsidentensuite vorgesehen. Beide sind, durch ein Stockwerk voneinander getrennt, an der westlichsten Ecke des Gebäudes, am Pariser Platz eingerichtet worden. Von hier aus können Staats- und andere Gäste den berühmten Blick auf das Brandenburger Tor und den Pariser Platz genießen – wenn sie denn Zeit dazu haben. Was aber für sie und die sie begleitenden Bodyguards noch viel wichtiger ist: Hier sind sie sicher. Intensiv hat man sich von Experten des Bundeskriminalamts beraten lassen. So wurden die Wände der Suiten mit Stahlplatten verstärkt und die Fenster mit neun Zentimeter starkem Sicherheitsglas ausgestattet.

»Dahinter kann ein Präsident, auf den geschossen wird, ruhig weiterwinken, und nichts passiert. Diese Scheibe bleibt unversehrt«, witzelt Rüdiger Patzschke. »Aber solche Fenster stellen natürlich auch ein gestalterisches Problem dar. Ein Rahmen, der eine solche tonnenschwere Glasscheibe tragen muß, der sieht konstruktionsbedingt auch anders aus, und das mußte kaschiert werden. Er darf in der Fassadenansicht nicht klobig wirken, um das gesamte Erscheinungsbild nicht zu stören.«

Aber zurück in die Gegenwart. Wie lange wird die Gebrüder Patzschke und Rainer-Michael Klotz das »Adlon« noch beschäftigen? »Wenn die Pre-opening-Phase vorbei ist, können wir uns gelassen zurücklehnen.« Und das Gesamtkonzept? Was denken die Architekten darüber? Da schweigen die Beteiligten – und schließlich kann man über Geschmack nicht streiten.

Daran zu ändern gibt es nichts mehr. Die Architekten und Bauleute haben im wahrsten Sinne des Wortes Fakten geschaffen, die den einen oder anderen Kritiker beim Betrachten des Originals nun auch umgestimmt haben. Und selbst Wolf Jobst Siedler, der »Doyen der konservativen Berliner Architekturkritik«, wie ihn der *SPIEGEL* nennt, muß eingestehen, daß der Bau »... schon jetzt den Pariser Platz (beherrscht), er hat die richtige Baumasse, wenn es auch, wohl der Rendite wegen, ein wenig massig geworden ist. Dieses ›Adlon‹ wird dem Platzgeviert Halt geben, wenn die wenig zueinander passenden Bank- und Botschaftsgebäude, natürlich aus Wettbewerben hervor-

Die Bibliothek mit einem aufwendig gestalteten Deckengemälde

gegangen, auf der gegenüberliegenden Platzseite stehen. Wieder zeigt sich, daß Architektur stadtfeindlich sein kann, auch, wo sie morgen einen Stern in Stadtführern erhalten wird. Das neue ›Adlon‹ wird als Werk nie eine Rolle spielen, Fachwelt und Kunstkritiker werden immer die Nase über dieses Remake (Anm. d. Red.: das es nicht ist) rümpfen; in der Tat ist es ja ein banaler Bau, nicht besonders gut, nicht besonders schlecht. Aber es läßt sich schon jetzt absehen, daß das ›Adlon‹ eine beherrschende Stellung in Berlins Hotellerie ebenso gewinnen wird wie sein Bau einen Platz in jenem Karree, das man einst den Salon Berlins nannte.«

Hat denn der Bau eines Hotels nun unbedingt die Aufgabe, Architekturgeschichte zu schreiben? Die Wurzeln der Legende »Adlon« und damit die Zukunft des neuen Hauses liegen doch ganz woanders.

Ob das Gebäude nun eine »Buttercremetorte« ist oder der geniale Vorreiter einer neuen Architektur: Erinnert sei an dieser Stelle noch einmal an den Bau des ersten »Adlon«. Auch er war unter den Berlinern heftig umstritten. Verschwand doch mit dem Palais Redern ein »Stück altes Berlin«. Und wer sprach wenige Jahre später noch von diesem Schinkel-Bau? Er war vergessen. Das mag in der Rückschau traurig sein, zeigt aber auch die menschliche, allzu menschliche Dimension solcher Diskussionen.

Der Ballsaal

Das gilt wohl auch für die Auseinandersetzungen um die Neugestaltung des Pariser Platzes im Ganzen. Anfang der neunziger Jahre hatte der damalige Senatsbaudirektor Hans Stimmann dem Platz eine »kritische Rekonstruktion« verordnet. Durch einen Rückblick auf die Fehler der Moderne sollte der alte Charakter der »guten Stube« Berlins wiederhergestellt werden. Dabei blieb – bewußt oder unbewußt – offen, welche Fassung des Platzes nun gewünscht sei. Denn auch ihn hatten im Laufe der letzten zweihundert Jahre durchaus unterschiedliche Bauten und Baustile geprägt. Letztendlich wurden sich die Experten und interessierten Laien einig, daß ein anderer, ein neuer Pariser Platz entstehen würde. Seine Architektur wird sich zwar an bestimmte historisch bedingte Vorgaben halten – ein Hochhaus an dieser Stelle wäre natürlich undenkbar –, aber er würde nie wieder so sein wie in den Epochen zuvor. Man fand sich damit ab: Der Pariser Platz konnte nicht die Kopie eines historischen Vorbildes werden. Er würde sein Aussehen von den Ideen seiner jetzigen Architekten – und nicht zuletzt – dem Geschmack und Vermögen der Bauherren erhalten.

Manch einer mag sich gewünscht haben, jetzt einen Blick in die Kristallkugel werfen zu können, um zu erfahren, wie der Pariser Platz in vielleicht zehn Jahren aufgenommen werden würde. Der Journalist Dirk Meyhöfer hat in einem Feature für den Deutschlandfunk die Diskussion über den Pariser Platz nachgezeichnet und in seiner Phantasie eine Zeitreise angetreten.

»Irgendwann, ein Freitagabend, im Januar 2007. Es ist wieder einmal naßkalt, leichter Schneeregen sprüht, irgendwie paßt das Wetter zum spröden schönen Pariser Platz. Ich bin auf dem Weg ins ›Adlon‹, dem stattlichen südöstlichen Abschluß des wieder streng eingefaßten Quarree. Tatsächlich ist es wieder das erste Haus am Platz, dafür sorgt schon die Bundesregierung, die hier viele ihrer Gäste unterbringt. Viele, sehr viele Empfänge und Konferenzen. Die Qualität des Champagners sagt mehr über die Güte des Hauses aus als seine, na sagen wir, redundante Architektur. Die Fassade ist gerade eingerüstet worden. Sie wird schon nach zehn Jahren saniert, vielleicht wurde sie damals, 1995/96, zu schnell hochgezogen. Trotzdem sieht sie heute aus, als hätte sie mit ihren dicken und dünnen Gesimsen, dem sandsteinernen Sockelgeschoß und all dem historisierenden Beiwerk hier schon immer gestanden. Fast ein bißchen ältlich wirkt dieser Luxusklotz des gleichnamigen Architekten Rainer-Michael Klotz. Allerdings will heute niemand so richtig mehr verstehen, daß ein gewisser Stimmann 1996 das Hotel ein Mißverständnis nannte und nach Disneyland wünschte, von Kitsch soll er auch geredet haben. ... Zu bunt, zu kitschig, zu ausgelassen – ist es hier ja wirklich nicht: Preußens gute Stube – wenn das nicht zu absurd klänge, dann könnte man den Platz so nennen – wirkt eben ein bißchen streng. Das Pendant des ›Adlon‹ – Unter den Linden 78 – gegenüber am nordöstlichen Platzende bestätigt das. Der Architekt hatte es zu Beginn seines Entwurfes ein ›gewöhnliches Gebäude an ungewöhnlicher Adresse‹ genannt. Stimmt. Immerhin verfügt es über fünf Achsen an den Linden und gleich elf an der Wilhelmstraße. ... Wenig los draußen auf dem Platz, das ist übrigens selbst an Sommerabenden auch nicht viel anders. Plastik-Café-Stühle wären hier auch falsch am Platze. ... Aus dem Haus Liebermann klingt gedämpfte Klaviermusik herüber. Nein, dort ist kein bürgerlicher Salon mehr, gewohnt wird hier nicht mehr am Pariser Platz. Statt dessen sind es jetzt Institutionen wie die Banken und Botschaften, die zu Dinner, Musik oder Vortrag laden – leider eben nicht für jeden und öffentlich, aber zumindest halböffentlich.«

Ob es so werden wird? Möglich ist es schon, wahrscheinlich sogar. Aber wie auch immer: Die Rolle des Pariser Platzes ist für die Zukunft wieder klar definiert. Er wird wieder die Visitenkarte Berlins werden, der Empfangssalon sein. Oder braucht eine moderne Hauptstadt gar keinen Empfangssalon mehr? Ist der Gedanke nicht längst überholt, in einer Zeit, in der Regierungschefs per Telefon verhandeln und Staatsbesuche nicht mehr in der Kutsche, sondern per Jet einreisen? Der amerikanische Präsident begrüßt seine Gäste auf dem Rasen des Weißen Hauses in Washington, sein französischer Kollege im Hof des Elysee-Palastes, der britische Premier vor Downing Street 10 und der deutsche Bundeskanzler bis jetzt noch vor dem Kanzleramt in Bonn. Braucht die neue Deutsche Republik also einen Empfangssalon oder nicht vielmehr eine »gute Stube«, einen Ort für alle Bürger, der mehr einen symbolischen Nutzen denn einen praktischen aufweist? Aber selbst dann befindet sich dieser Platz in unmittelbarer Nähe zum neuen Regierungsviertel und ist damit der richtige Standort für das neue »Adlon«.

Im Mai 1996 fand das Richtfest statt. Neun Monate nachdem der erste Beton in die Baugrube geflossen war, stand der Rohbau. Doch bevor überhaupt damit angefangen werden konnte, mußten seit Anfang '95 rund 55.000 Kubikmeter Erde für die Baugrube ausgehoben werden. Bei dem hohen Grundwasserstand in Berlin wäre sie in kürzester Zeit zu einem riesigen Swimmingpool vollgelaufen. Um das zu verhindern, wurde in 21 Meter Tiefe eine ein Meter dicke Weichgelsohle

Zugang zu den Hotelzimmern

in das Erdreich injiziert, Spundwände verhinderten das seitliche Einlaufen des Grundwassers, dazu wurde ein sogenanntes Wasserhaltungssystem installiert. Im August 1995 floß der erste Beton auf den trockenen märkischen Sand. Die Bodenplatte und die Außenwände des Untergeschosses sind als sogenannte weiße Wanne aus wasserundurchlässigem Beton gegossen. Und auch schon in dieser Bauphase wurde an das Wohl der späteren Gäste gedacht: Die Kelleraußenwände Richtung Pariser Platz/Unter den Linden und zur dort vorbeiführenden S-Bahn-Linie wurden aufwendig gegen das Erdreich schallentkoppelt, damit die Gäste später nicht unnötig vom Lärm der Bahn belästigt werden.

In wenigen Monaten war der Rohbau der Grube entwachsen, fünf Baukräne hoben das Baumaterial, darunter 6.000 Tonnen Bewehrungsstahl, in das Gebäude, das aus 30.000 Kubikmeter Beton Stockwerk für Stockwerk in den Himmel wuchs. Noch während der Rohbauarbeiten in den Obergeschossen konnte die Grundwasserhaltung abgestellt werden. Das »Adlon« war mittlerweile so schwer geworden, daß sein Eigengewicht die Auftriebskraft des Grundwassers übertraf.

Als dann die Richtkrone hochgezogen wurde, war der neue erste Mann des »Adlon« gerade zwei Wochen im Amt: Jean K. van Daalen, der von sich selbst sagt, daß er ein »Hotelkind« sei. Der Sohn eines deutschen Filmproduzenten begann seine Karriere nach dem Abitur in Rom mit einer Ausbildung zum Hotelkaufmann 1963 bei Hilton. 1972 übernahm er als Geschäftsführender Direktor den »Nassauer Hof« in Wiesbaden, ein klassisches Hotel, das unter seiner Leitung sein etwas angestaubtes Image verlor und nach umfangreicher Renovierung in neuem Glanz erstrahlte.

»Beim ›Nassauer Hof‹ gehörten wir eigentlich schon immer zur Avantgarde. Wir waren die ersten in bestimmten Dingen, die wir ins Hotel eingebracht haben. Es hört sich heute dumm an, aber damals durfte man keinen Haarfön im Badezimmer installieren. Das war angeblich zu gefährlich. Der Fön könne ins Wasser fallen, hieß es. Wir haben das Problem gelöst. Dann kamen die ersten Fernseher mit Fernbedienung auf. Keiner wollte sie in Hotelzimmer einbauen, weil man in der Branche dachte, der Gast nehme sie mit. Wir haben 1975 in alle Zimmer Farbfernseher mit Fernbedienung eingebaut. Neben vielen anderen Neuerungen im Hause haben wir in der Gastronomie Peter Wodarz eingestellt, aber nach außen den Eindruck erweckt, daß er bei uns Pächter wäre. Und auch das gastronomische Konzept wurde erneuert: Restaurant mit einem Bistro daneben und Außer-Haus-Verkauf. Jeder sollte die Möglichkeit erhalten, Essen solcher Qualität mitnehmen zu können, mittags im Bistro oder abends im Restaurant zu genießen. Und es war eben auch ungewöhnlich, daß Peter Wodarz nicht der Hauptküchenchef des Hauses war, sondern seinen eigenen Betrieb innerhalb des Hauses leitete. Im Innenbereich hatte er mit dem eigentlichen Hotel, der Problematik des Personalessens oder dem Etagen-Service nichts zu tun. Dafür hatten wir einen eigenen Küchenchef. Durch diese Innovation hatten wir eine viel bessere Außenwirkung, und in der Vermarktung war das Haus dadurch in einer ganz anderen Position. Wir bekamen statt vier Sternen nun fünf Sterne und konnten dadurch auch andere Zimmerpreise verlangen.«

Im »Adlon« beginnt Direktor van Daalen sofort mit einem großen Namen der Haute Cuisine. Ähnlich wie beim »Nassauer Hof« hat er neben dem Küchenchef des »Adlon« für das Gourmetrestaurant einen prominenten Koch gewonnen, der die Patenschaft übernommen hat: Marc Haeberlin, den Juniorchef der »Auberge de l'Ill« im elsässischen Illhaeusern. Zu sagen, das Haus hätte eine lange Tradition in guter Küche, wäre stark untertrieben – es ist eine Institution. Vater Paul Haeberlin erhielt den ersten der berühmten Michelin-Sterne schon 1953, den zweiten drei Jahre später und den dritten 1967. Und die verteidigen sie bis heute Jahr für Jahr.

Für das Erfolgsrezept hat Marc Haeberlin eine einfache Formel: »Unsere Küche ist ein wenig klassisch, ein wenig moderner Stil und elsässische Inspiration. Dabei bleiben wir bodenständig. Aber für einen Koch ist es schwierig, seine eigene Küche exakt zu charakterisieren.«

Marc Haeberlin hat Erfahrung mit der internationalen Hotelgastronomie. Zehn Jahre hat er die Gourmetrestaurants einer anderen Hotelkette in New Orleans und Boston betreut. Dann, im Herbst 1996, kam das Angebot von Jean van Daalen, und Marc Haeberlin hat eingeschlagen. »Das ist auch viel praktischer. Ins ›Adlon‹ nach Berlin kann man schnell mal hinfliegen und ist am nächsten Abend wieder in der ›Auberge de l'Ill‹.« Vom Wiederaufbau des »Adlon« hatte er bis zu diesem Angebot nichts gehört. »Ich wußte, daß es in Berlin einmal ein Hotel ›Adlon‹ gegeben hat, so wie es das ›Ritz‹ in Paris gibt oder das ›Crillon‹ oder ›Vier Jahreszeiten‹ in München. Aber ich glaubte, daß es endgültig verschwunden sei.« Ende 1996 war er dann das erste Mal im Rohbau des ›Adlon‹ und war beeindruckt von der Bauwut in Berlins Mitte. »So etwas habe ich in meinem Leben noch nicht gesehen. Nicht in Hongkong oder sonstwo auf der Welt.«

Blick in die Brandenburger Tor Suite

Als ständigen Vertreter schickt Marc Haeberlin einen jungen Koch nach Berlin, der aus dem Spreewald stammt und zwei Jahre bei ihm gearbeitet hat. Die Karte des Gourmet-Restaurants unterscheidet sich bis auf ein, zwei spezielle Gerichte nicht von jener, aus der die Feinschmecker auch im Elsaß wählen können. »Was die Qualität der Produkte angeht, mit denen wir in Berlin arbeiten werden, habe ich keinerlei Bedenken. Die Infrastruktur ist vorhanden. Wir können unseren Gästen in Berlin die gleiche Qualität liefern, wie sie es bei uns zu Hause gewohnt sind.«

So findet der »Ruhm des Elsaß«, wie Gert von Paczensky schrieb, eine zweite Heimat am Pariser Platz, und Jean van Daalen kann stolz darauf sein. 1980 kam er das erste Mal nach Berlin, übernahm das neue Steigenberger Hotel am Los-Angeles-Platz und wurde Wahlberliner, der auch für das Stadtmarketing erfolgreich arbeitete. ›Dial Berlin‹ hieß der Club, den er mit Kollegen aus den führenden Hotels der Stadt zusammen gegründet hat und der die Stadt im Ausland bewarb. Sieben Jahre später zog es ihn von der Insel West-Berlin nach Paris, von wo aus er Konzepte für Golf- und Ferienressorts für Frankreich, Italien und Deutschland entwickelte und auf den Markt brachte. 1994 kam er wieder an die Spree. Als Direktor für Projektentwicklung und Marketing der Euromedien Babelsberg GmbH war van Daalen mit dem Aufbau des Film- und Freizeitzentrums in der alten Medienstadt Babelsberg betraut. Dann kam das Angebot von Kempinski, und van Daalen griff zu. In der Branche hatte er längst das Image des ›Berliners‹.

»Ein Manager muß firm sein an seinem Standort. Es geht nicht, daß man jemanden von draußen holt, der keine Verbindung zum Standort hat. Ich war früher in Berlin sehr aktiv, auch auf

Das Badezimmer der Brandenburger Tor Suite

kulturellem Sektor. Es gab wohl keine Opernpremiere, die nicht bei uns gefeiert wurde, und wenn die Philharmonie etwas Besonderes machte, wurde auch das bei uns gefeiert.«

Was die zukünftige Rolle des »Adlon« betrifft, ist der neue Direktor natürlich optimistisch. Nicht nur, daß sich in unmittelbarer Nähe heute schon Botschaften befinden, die ihre Gäste dort einquartieren können, er will das Haus auch zum Wohnzimmer der Berliner machen.

»Wenn ich heute mit Berlinern spreche, werde ich beglückwünscht, und das spricht auch für das Haus. Und der zweite Satz ist: ›Meine Großeltern haben im ›Adlon‹ dies oder jenes gefeiert, und ich möchte auch die Konfirmation meines Sohnes dort feiern, oder ich will meinen 65. Geburtstag bei Ihnen feiern – das beginnt bereits jetzt. Die Tradition des ›Adlon‹ als ein Ort, an dem man feiert, ist heute noch in vielen Köpfen präsent. Und das wird uns helfen, daß die Berliner dieses Haus als ihr Wohnzimmer sehen und auch die Gastronomie frequentieren.«

Dazu ist ein hoher Personalaufwand notwendig, denn der Gast kann und soll sich im »Adlon« nicht selbst bedienen. Die Unkultur der Buffets, wie sie in anderen Hotels geringeren Standards schon aus Kostengründen Alltag geworden ist, wird es hier nur teilweise geben, eine Mischung aus Buffet und Service.

»Im Dienstleistungssektor, der für den Gast direkt sichtbar ist, werden wir kein Personal einsparen können. Ich glaube, die Kunden erwarten eine persönliche Bedienung im ›Adlon‹ und sind auch gewillt, dafür ein paar Mark mehr zu bezahlen. Wenn sie es nicht bekämen, wären sie verärgert, und wenn sie es bekommen, stimmt auch der Preis.«

Dazu werden extra Mitarbeiter gesucht und auch geschult. Das ist eine besondere Schwierigkeit, denn der Wille zur Dienstleistung ist in Deutschland noch nicht sehr ausgeprägt.

»Dienen ist keine Schande, und wir beschäftigen Männer und Frauen, die eine gute Einstellung zu diesem Thema haben und die gerne auf Menschen zugehen. Das müssen nicht unbedingt Leute sein, die diesen Beruf schon ausgeübt haben. Das ist keine unbedingte Voraussetzung, obwohl es ideal wäre, aber deswegen hat das Thema Schulung bei uns einen sehr hohen Stellenwert. Wir werden im ›Adlon‹ auch die alten Titel wieder aufnehmen. Ein Empfangsherr ist ein Empfangsherr und kein Hallenleiter oder Empfangsdirektor, und ein Page ist ein Page. Ein einfaches Beispiel: Ein Mitarbeiter in der Verkaufsvertretung heißt heute in der Hotellerie Verkaufsleiter, weil er meint, daß er sonst beim Kunden nicht akzeptiert würde. Doch was passiert mit der Psyche eines solchen Mitarbeiters. Warum soll er noch dienen, wenn er schon Leiter ist? ›Sales-Manager‹ gibt ihm das Gefühl, ›Manager‹ zu sein, in Wirklichkeit ist er ›Sales-representative‹, also ›Verkaufsvertreter‹.«

Das »Adlon« verfolgt das Ziel, ein sehr persönliches Haus zu sein, und das ist ein Spagat gerade für den Direktor. Jean van Daalen plant, nicht auf Dauer im »Adlon« zu wohnen.

»Man braucht auch eine gewisse Distanz. Aber ich habe zwei Seelen in meiner Brust. Die eine sagt: ›Du mußt auch einen gewissen Abstand behalten. Du und deine Familie leben ein anderes Leben als deine Gäste.‹ Andererseits ist der Direktor die Mutter aller Gäste. Eigentlich müßten ich und meine Führungskräfte immer da sein, im Haus um Mitternacht der Ballgesellschaft ›Gute Nacht‹ sagen und hören, ob es allen gefallen hat, und morgens um sechs die Frau Baronin oder den Vorstandsvorsitzenden bei der Abreise verabschieden. Also persönlich präsent sein, um das persönlich geführte Haus auch darzustellen. Das ist unmöglich. Darum muß das neue ›Adlon‹ Gesichter haben, die das persönlich geführte Haus auch persönlich darstellen. Ich muß darauf achten, daß die Mitarbeiter, die in Schlüsselpositionen Kundenkontakt haben, möglichst lange auch die gleichen bleiben. Sonst gibt es keinen Wiedererkennungseffekt. Der Kunde freut sich ja auch, wenn er Gesichter wiedererkennt. Dann fühlt er sich geborgen und wohl. Ein Hoteldirektor muß sich zeigen. Berlin ist in dieser Beziehung ein besonderer Platz. Die Berliner Gesellschaft möchte ihn sehen und mit ihm sprechen. Und darum, noch einmal, man muß als Hoteldirektor in Berlin bekannt sein, das ist extrem wichtig und bestimmt die Atmosphäre eines Hauses. Ich habe für mich beschlossen, das erste Jahr teilweise im ›Adlon‹ zu wohnen. Die ersten 18 Monate sind, nach meiner Regel, die kritischsten, und danach kann ich auch mehr Zeit zu Hause verbringen. Bis dahin erfordert das Unternehmen sehr konzentrierte Arbeit. Die Dienstleistung muß von Anfang auf hohem Niveau sein. Und dieses Niveau muß gehalten werden und darf nicht absacken. Das kann der gehobene Kundenkreis eines ›Fünf Sterne plus-Hauses‹ erwarten.«

Zum Schluß noch eine persönliche Frage. Wäre es heute noch möglich, ein Hotel wie das »Adlon« als Privatmann zu gründen, so wie Lorenz Adlon vor 90 Jahren?

»Das dürfte heute nur selten möglich sein. Ich habe selbst nach meiner Zeit im ›Nassauer Hof‹ darüber nachgedacht und die Idee dann doch verworfen. Wenn ich jetzt ein Hotel wie das

Blick aus dem Bundeszimmer auf das Brandenburger Tor

›Adlon‹ selber gründen wollte, dann würde mich jeder auslachen. Auch wenn so ein Haus, abgesehen von meiner Person, immer abhängig ist von dem Mann, der es führt. Einzeltänzer, die sich auf ein solches Projekt einlassen, dürften sehr selten sein. Normalerweise baut heute ein großes Hotel nur eine Firma mit einem großen Namen, wie zum Beispiel Kempinski.«

Und nicht zu vergessen: der Standort. Es gibt eben nur einen Pariser Platz in der einen deutschen Hauptstadt. Da müssen auch Pessimisten zugeben, daß eine Immobilie an einem so herausragenden Ort automatisch in den kommenden Jahren im Wert steigen wird.

Ein Privatmann, selbst wenn er über ein großes Vermögen verfügen würde, könnte sich dies kaum leisten. Und gegen ihn war auch Lorenz Adlon ein armer Mann. Aber wer redet von Geld, wenn es um den Neubeginn einer Legende geht – und um die Erfüllung eines Traumes, den viele Menschen in Ost und West noch träumten, als Hedda Adlon über ihr Hotel schrieb: »Ich möchte das ›Adlon‹ wieder aufbauen – aber nur dann, wenn man nicht mehr von einem ›West-‹ oder ›Ostsektor‹ spricht und nur dort, wo es gestanden hat ... Im Herzen Berlins – Unter den Linden Nr. 1!« Nur in der Hausnummer hat sich die alte Dame geirrt. Schon seit 1936 trägt das »Adlon« die Hausnummer 77. Aber das ist eine andere Geschichte.

Wanddetail im Bundeszimmer

Bildnachweis

Archiv für Kunst und Geschichte, Berlin 54, 65, 107
Archiv Laurenz Demps 13, 17, 18, 19, 34, 35, 45, 48, 62, 80, 98, 100, 101, 103
Bundesarchiv Koblenz 50, 51, 66, 78
Stadtarchiv Mainz 44
Deutsches Filmmuseum Frankfurt am Main 110, 113, 115
Landesbildstelle, Berlin 95 (4), 100
Werner Menzendorf, *Reitsport*, Berlin/Hamburg 1972 52
Pracht-Album Photographischer Aufnahmen der Berliner Gewerbe-Ausstellung 1896, Berlin 46
Max Rapsilber, *Hotel Adlon Berlin*, 1911 6, 10, 24, 25, 26, 27, 28, 29, 30, 31, 32, 49
Günter Schneider 116, 119, 121, 122, 123, 124, 125, 126, 127, 128, 129, 130, 131, 133, 134, 136, 138, 139, 141, 142
Richard Schneider (Hg.), *Berlin aus der Luft. Zerstörungen einer Stadt*, Berlin 4. Aufl. 1996 63
Ullstein Bilderdienst, Berlin 37 (2), 39 (2), 53, 56, 57 (2), 58, 59, 60, 64, 67, 69, 70 (2), 71, 73, 75, 91

Quellenverzeichnis

Archive

Der Bundesbeauftragte für die Unterlagen des Staatssicherheitsdienstes der ehemaligen Deutschen Demokratischen Republik, Berlin: Bestand MfS - HA IX/11 UTA
Bundesarchiv, Koblenz: Bestand Reichsfinanzministerium, Bestand Reichskanzlei
Landesarchiv, Berlin: Bauakten »Hotel Adlon«
Zentrales Archiv der geschlossenen Grundbücher, Berlin

Artikel aus Zeitungen und Zeitschriften

»Der Aristokrat des Hoteliers« in: *Mainzer Anzeiger* (General Anzeiger) vom 12.4.1921
»Ehrenvolle Besetzung eines Mainzers in Berlin« in: *Mainzer Journal* vom 27.4.1921
»Die Familie Adlon stammt aus der Steingasse« in: *Mainzer Allgemeine Zeitung* vom 30.9.1955
»Hotel Adlon – sein Besitzer war Mainzer« in: *Mainzer Allgemeine Zeitung* vom 23.9.1955
»Im Reichtum dachte er an seine Vaterstadt« in: *Mainzer Allgemeine Zeitung* vom 13.10.1994
»Alles Kulisse. Rainer-Michael Klotz und das Hotel ›Adlon‹« in: *Die Woche* Nr. 27/1996
»Eine Akademie fürchtet das Puppenstübchen« in: *Süddeutsche Zeitung* vom 19.6.1996
»Stockwerkverbund. Planungshoheit: Berlin baut und diskutiert vor allem Gesimse« in: *Frankfurter Allgemeine Zeitung* vom 23.2.1996
»Ziemlich phantasielos« in: *Der Spiegel* vom 15.7.1996
Kunert, Günter: »Zu Besuch in der Vergangenheit« in: *Neue Rundschau*, 107. Jg., 1996/Heft 1
Siedler, Wolf Jobst: »Ein Plädoyer für die Banalität. Am Ende ist die Stadt immer wichtiger als die Architektur: einige Anmerkungen zum Neubau des ›Adlon‹« in: *Der Tagesspiegel* vom 27.4.1997

Hörfunksendungen

Meyhöfer, Dirk: »Der Pariser Platz. Eine typisch deutsche Architekturdiskussion, DLF, Köln 24.1.1997

Verzeichnis der benutzten Literatur

Adlon, Hedda: *Hotel Adlon*, München 1994
Frankenfeld, Peter: *Das war mein Leben*, München 1982
von Herwarth, Hans: *Zwischen Hitler und Stalin. Erlebte Zeitgeschichte 1931 bis 1945*, Berlin 1982
Horstmann, Lally: *Kein Grund für Tränen. Aufzeichnungen aus dem Untergang. Berlin 1943-1946*, Berlin 1995
Karasek, Hellmuth: *Billy Wilder*, Hamburg 1992
Mückenberger, Christiane: »Zeit der Hoffnungen 1946 bis 1949« in: Filmmuseum Potsdam (Hg.): *Das zweite Leben der Filmstadt Babelsberg*. DEFA-Spielfime 1946-1992, Berlin 1994
Rapsilber, Maximilian: *Hotel Adlon*, Berlin 1911
Schmid, Walter: *Russische Jahre*, Bonn 1996
Schramm, Karl: *Mainzer Wörterbuch*, Berlin 1992
Sendig, Rudolf: *Erlebtes und Erlauschtes*, Berlin 1922
Smith, Howard K.: *Feind schreibt mit. Ein amerikanischer Korrespondent erlebt Nazi-Deutschland*, Berlin 1982
Uhlen, Gisela: *Mein Glashaus*, München 1978
Zinnkann, Heidrun: *Mainzer Möbelschreiner der 1. Hälfte des 19. Jahrhunderts*, Frankfurt/Main 1985

Die Autoren

Laurenz Demps, renommierter Berlin-Historiker, ist Professor an der Humboldt Universität Berlin. Er veröffentlichte zahlreiche Bücher und Aufsätze zur Architektur- und Kulturgeschichte sowie zur politischen Geschichte Berlins.

Carl-Ludwig Paeschke ist seit vielen Jahren in der Redaktion Innenpolitik beim ZDF tätig. Er ist Autor zahlreicher Dokumentationen und Reportagen, die sich meist mit der jüngeren deutschen Geschichte beschäftigen.